Die Reihe ‚PB Bücher'
wird herausgegeben von
Mitgliedern der Redaktion
der Zeitschrift PÄDAGOGIK

Johannes Bastian
Peter Daschner
Herbert Gudjons
Klaus-Jürgen Tillmann

BERGMANN + HELBIG VERLAG
HAMBURG

Inhaltsverzeichnis

Vorwort der Herausgeber

„Wenn man nach einer Methode 2000 Jahre lang unterrichtet hat, braucht man 200 Jahre, sie zu ändern."

Hellmut Becker, 1982

In der 1980 erschienenen Erzählung „Der Vater eines Mörders", die der Autor *Alfred Andersch* „Eine Schulgeschichte" genannt hat, sagt der Untertertianer *Franz Kien* über seinen Lehrer *Kandlbinder:* „Er redet, redet, redet, aber er bringt uns nichts bei." Diese Klage eines 14jährigen Oberschülers aus dem Jahre 1928 ist aktueller denn je und korreliert unter anderem mit folgenden, empirisch längst abgesicherten Befunden:

- Auch unsere heutigen Schulen, diese Großorganisationen aus Stahl-Beton-und-Glas, sind weitgehend Sprach- und Redeschulen –
- Weit über die Hälfte aller im Unterricht registrierten Wörter werden vom Lehrer gesprochen, der etwa 50mal soviel redet, wie dies jedem seiner Schüler möglich ist –
- Haben die Reformpädagogen im ersten Drittel dieses Jahrhunderts noch gegen die Buch- und Paukschule gewettert, so attackieren zeitgenössische Reformer die Folien- und Notenschule; geblieben ist: die Langeweile –
- Von daher (*auch* von daher) werden Desmotivation und Schulflucht, „kein-Bock-auf-nix" und Vandalismus, *schein*bares Lernen und Unterrichtsstörungen mehr als verständlich –
- Für gar nicht so wenige Schüler (und auch Lehrer) besteht die einzige Abwechslung im methodischen Arrangements des Unterrichts darin, daß die Kreide ab und zu von der rechten in die linke Hand des Lehrers wandert oder der Overheadprojektor einige Male an- und abgeschaltet wird –
- Metaphernlos ausgedrückt heißt dies: In 90 Prozent aller beobachteten Unterrichtsstunden dominiert bis auf den Tag eine einzige Methode: der Frontalunterricht –
- Dafür die Lehrer verantwortlich zu machen, geht an den eigentlichen Ursachen vorbei –
- Denn zunächst einmal müßten sich die einzelnen Lehrerausbildungsphasen fragen lassen, was sie zur Beseitigung dieser Methodenarmut getan haben bzw. tun –
- Und schließlich: Nicht „Entweder-oder-Positionen" vom Muster des „Auf der Uni *Habermas* und im Bezirksseminar *Jochen Grell*" helfen nachhaltig, sondern „Sowohl-als-auch-Strategien", denn Lehrer müssen über „die Gesellschaft" ebenso gründlich Bescheid wissen wie über „das Schulmitwir-

kungsgesetz", „den Sinn" ihres Unterrichtens nicht geringer achten als „die Stetigkeit" des Milchgeld-Einsammelns und – auch Lehrer werden nicht geboren, sondern (hierzu) ausgebildet.

*

An dieser zuletzt erwähnten Verpflichtung möchte die vorliegende Schrift mitwirken. Sie beinhaltet Aufsätze der Zeitschrift *Westermanns Pädagogische Beiträge* und geht bis auf das Jahr 1980 zurück. Damals, in den Monaten Januar bis Juni, baten wir als Schriftleiter von WPB die Vertreter der verschiedenen „Didaktischen Theorien", ihre jeweilige Didaktik vorzustellen und zu erläutern sowie im Heft 6/1980 mit- und gegeneinander zu diskutieren. Die ungewöhnliche Resonanz dieser Serie veranlaßte uns, im darauffolgenden Jahr das in diesem Verlag erschienene Büchlein *Didaktische Theorien* vorzulegen. Vom Januar bis Juli 1981 startete WPB eine neue Serie, durchaus in Parallele, Fortsetzung und Ergänzung zur vorausgegangenen. Eine Serie über: *Unterrichtsmethoden*. Hatte das Didaktische Forum wichtige Vertreter bestimmter Theorien zusammenzuführen (für die bildungstheoretische Didaktik schrieb *Wolfgang Klafki*, für die lehrtheoretische *Wolfgang Schulz*; die kybernetisch-informationstheoretische Didaktik stellte *Felix von Cube* dar, die curriculare *Christine Möller*; während sich *Rainer Winkel* mit der kritisch-kommunikativen Didaktik beschäftigte), galt es also dort vornehmlich, Positionen zu markieren, so im Methodischen Forum zu erläutern und zu beschreiben, vorzumachen und anzuregen. In der Theorie fundierte und zugleich in der Praxis kompetente Autoren mußten für die Methoden-Serie gewonnen werden. Das war nicht ganz einfach in einem Land, das gerne Zäune und Mauern errichtet – u.a. zwischen Theoretikern hier und Praktikern dort, analytisch und synthetisch Orientierten, den Projektfans und den Lernzielexperten ... Hinzu kam eine zweite Schwierigkeit: Da es so viele Methodeneinteilungen wie Unterrichtsmethodiker gibt (oder eher ein paar mehr), mußten die Autoren der Serie zunächst eine gemeinsame Systematik finden bzw. akzeptieren. Auch dies gelang, so daß auf der Basis einer neuen Einteilung siebzehn verschiedene Unterrichtsmethoden vorgestellt werden konnten. Und da auch diese zweite Serie ein ungewöhnliches Echo in Schulen und Bezirksseminaren, an den Universitäten und in Lehrerfortbildungsveranstaltungen fand, legen wir sie als Schriftleiter von WPB hiermit einer breiteren Öffentlichkeit vor.

*

Diese neue Systematik recht verschiedener Unterrichtsmethoden (von der jeweiligen Poligkeit der Interaktionen nämlich) zu begründen, ist die Aufgabe des ersten Beitrages über „Die siebzehn Unterrichtsmethoden", den *Rainer Winkel* verfaßt hat. Unschwer sind in dieser Einteilung vier Gruppen von Methoden zu erkennen: die zwei-, drei-, vier- und fünfpoligen. Methoden also, bei denen im Ideal-(nicht im Real-)Fall folgende Interaktionsformen zu beobachten sind: Schüler kommunizieren mit Gegenständen bzw. Inhalten,

Lerndaten usw. (S-G); Schüler, Mitschüler und Gegenstände bilden ein kommunikatives Geflecht (S-M-G); Lehrer, Schüler, Mitschüler und Gegenstände konstituieren hier und jetzt Unterricht (L-S-M-G); sowie Lehrer, Teamlehrer, Schüler, Mitschüler und Gegenstände interagieren in einer bestimmten Phase (L-T-S-M-G). Da nun die Gruppen der drei- und vierpoligen Unterrichtsmethoden mit insgesamt zwölf die größten sind, entschlossen wir uns, die mehr gruppenunterrichtlichen dreipoligen Methoden ebenso von zwei Autoren darstellen zu lassen wie die vierpoligen Lehr- und Lernarrangements.

Insgesamt ergab dies folgende Gliederung: Nach dem bereits erwähnten Einleitungsaufsatz erläutert *Kristian Kunert* die Methoden der zweipoligen Interaktion, als da sind: Die Einzelarbeit (1.), Der Programmierte Unterricht (2.), Die (schriftliche) Klassenarbeit (3.) sowie Die Hausarbeit (4.).

Ernst Meyer beschreibt den einen Teil der dreipoligen Methoden: Die Partnerarbeit (5.), Die Kleingruppenarbeit (6.) und Der Großgruppenunterricht (7.).

Wilfried Buddensiek stellt den zweiten Teil dieser Methodengruppe vor, also: Die Simulativen Verfahren (8.) in Gestalt der Rollen-, Plan- und Entscheidungsspiele einerseits sowie der Lern-, Kunst- und Sportspiele andererseits.

Auch die vierpoligen Methoden galt es aufzuteilen. *Dieter Beumer* illustriert: Die Lehrerdarbietung (9.), Die Schülerdarbietung (10.) und das Experiment (11.).

Friedhelm Kammann ist zuständig für: Das entwickelnde Lehrgespräch (12.), Das lockere Unterrichtsgespräch (13.), Die Diskussion (14.), Das Rundgespräch (15.) und Die Debatte (16.).

Nicht zufällig beschließt derjenige Autor diese Übersicht, der sie eröffnet hat. *Rainer Winkel* erläutert die einzige bisher entwickelte Methode einer fünfpoligen Interaktionsform: Das Team Teaching (17.).

Alle Autoren sind darüber hinaus zum Gespräch bereit und werden, soweit es ihre berufliche Belastung erlaubt, zur Verfügung stehen, wenn Hilfestellung und Erläuterung gewünscht werden oder Kritik und Gegenkritik angebracht sind. Das Mitteilen ihrer Anschriften mag solche Kontaktaufnahmen erleichtern.

*

Auf zwei Sachverhalte sei in diesem Vorwort noch hingewiesen. Zum Einen: Gelegentlich wird das Unvollkommene beklagt – auch das der hier vorgelegten Einteilung verschiedener Unterrichtsmethoden. Die einen akzeptieren nämlich die neue Systematik und suchen *gleichzeitig* nach den gewohnten Ordnungen. Andere meinen, was in der Realität ein untrennbares Ganzes bilde, solle auch die Theorie nicht trennen ... Natürlich hat jede Einteilung Möglichkeiten und Grenzen. Die hier vorgelegte möchte keine Denkungsweisen auflisten (und verabschiedet deshalb zum Beispiel die Rubrizierung in analytische und synthetische Unterrichtsmethoden); sie möchte auch nicht mehr oder weniger schülerorientierte Methoden in eine Rangfolge

bringen (was Aufgabe der Allgemeinen Didaktik ist). Hinzu kommt ein Weiteres: Wer für eine systematische Gliederung allemöglichen Kriterien berücksichtigen will, dem ergeht es wie jener Marktfrau, die ihre Äpfel nach der Größe, Farbe, dem Gewicht und dem Geschmack zu sortieren versuchte und – nicht zu Rande kam. Hier wird – aus bestimmten Gründen – *ein* Ordnungskriterium herausgestellt (das der wechselnden Interaktionsformen) und folglich bleiben andere – ebenfalls begründenswerte – unberücksichtigt. Eine überzeugende Entscheidung für die eine oder andere Systematik kann nur aus dem Gespräch resultieren, das zwischen mehr theoretisch und mehr praktisch Tätigen geführt wird. Ihre je eigenständigen Erkenntnisse und Erfahrungen gilt es zusammenzuführen (aber nicht gleichzusetzen). Insofern ist es schon sinnvoll, wenn die Theorie abhebt von der Praxis, das heißt gliedert, differenziert, ordnet, einteilt usw. – nicht obwohl, sondern gerade weil die Realität ein untrennbares Ganzes ist, das aber undurchschaubar und damit unveränderbar bliebe, wenn Theorie sie nicht durchschaubar machte. Daß Theorien dabei nicht sich selbst, sondern der Praxis dienen, ist Teil jener Dialektik, die von der abendländischen Theorie-Praxis-Diskussion seit jeher als unverzichtbar erklärt wurde.
Ein Zweites soll hier einleitend erwähnt werden: Unterricht ist ein vieldimensionales Geschehen, das kaum auf einen einzigen Nenner gebracht werden kann – ob „autokratisch" oder „zielkonstant", „lebendig" oder „anschaulich". Zu unterschiedlich kommunizieren dreißig Individuen mit- und gegeneinander oder auch aneinander vorbei, über und unter der Bank, heute und morgen. Immer wird im Unterricht etwas, irgendwie, in ganz bestimmten Interaktionsformen, unter räumlichen und zeitlichen Determinanten, mit gewissen Intentionen und unter der prinzipiellen Möglichkeit des Scheiterns gelehrt und gelernt, so daß didaktische und methodische Probleme letztlich nicht zu trennen sind, ja beide auf edukative Zusammenhänge hinweisen. An der Unterrichtsmethode des Team Teaching wird dies exemplarisch deutlich. Denn Team Teaching heißt ja nicht (nur) Lehrerkooperation und sonst nichts. Schließlich kooperieren Generalstabsoffiziere und Börsenmakler auch. Das, *was* da (aus welchen Gründen und mit welchen Zielvorstellungen?) in die Kommunikation und Kooperation eingebracht wird, ist an die jeweiligen „channels" gebunden. Deshalb darf und soll man sich zum Beispiel unter dem Team-Kleingruppen-Modell durchaus einen alternativen Unterricht, eine andere Pädagogik, eine neue Schule vorstellen – etwa in Kamen, Köln-Holweide, Göttingen-Geismar, Hannover-Linden oder Berlin-Tempelhof. Wenn es heute zuallererst darauf ankommt, daß Schüler mit Interesse lernen und Lehrern das Unterrichten wieder Freude bereitet, dann liegt *eine* Möglichkeit der Verbesserung von Schule darin, das Methodenrepertoire des Lehrens und Lernens zu erweitern. „Unzutreffend ist es", schrieb *Jürgen Henningsen* in seinem 1974 erschienenen Buch ‚Erfolgreich manipulieren – Methoden des Beybringens', „daß es sich lohnt, Methoden zu kodifizieren und auswendig zu lernen. Richtig ist vielmehr, daß es sich lohnt, Methoden zu diskutieren und auszuprobieren". Lehrende und Lernende, die diese Einsicht beherzigen, werden die folgenden siebzehn Unterrichtsmethoden gewiß nicht herunterrasseln können (und gerade

deshalb zu handhaben sich bemühen); sie benötigen keine Schemata und keine Rezepte (aber sehr viele Gelegenheiten, methodische Arrangements zensuren- und straffrei auszuprobieren, so daß am Ende eines solchen Lehrerdaseins eine Einsicht steht, die von dem großen Romanisten *Ernst Robert Curtius* stammt und die da lautet: „Es gibt keine andere Methode als die, sehr intelligent zu sein". Freilich: was heißt das schon – intelligent zu sein?

Die Herausgeber

Herbert Gudjons	*Rita Teske*	*Rainer Winkel*
Hamburg	Braunschweig	Dortmund/Berlin

Im Sommer 1982

Die unverändert starke Nachfrage nach
den UNTERRICHTSMETHODEN
hat eine zweite und dritte Auflage ermöglicht.

Die Herausgeber

Herbert Gudjons
Rita Teske
Rainer Winkel

Im Mai 1987
Im März 1991

Rainer Winkel, Dr. phil., M.A., Jg. 1943,
ist o. Professor für Erziehungswissenschaft
an der Berliner Hochschule der Künste

Anschriften:
Swedestraße 6 – Castellum
4600 Dortmund 2

Hochschule der Künste
Fachbereich 10
Bundesallee 1–12, 1000 Berlin 15

Wichtige Publikationen

Der gestörte Unterricht. Kamp, Bochum 4. 1988.
Pädagogische Psychiatrie für Eltern, Lehrer und Erzieher. Neuausgabe. Schneider Verlag Hohengehren 1991.
Antinomische Pädagogik und Kommunikative Didaktik. Schwann, Düsseldorf 2.1988.
Pädagogische Epochen. Von der Antike bis zur Gegenwart. Schwann, Düsseldorf 1988.
Unser Ziel: Humane Schule. Zus. mit Ernst Meyer. Schneider Verlag Hohengehren 1991.

1 Die siebzehn Unterrichtsmethoden

Rainer Winkel

„Machen wir das Lernen angenehm!“
Francois Fénelon, 1687

1.1 Ein Beispiel

Claudia, Frank, Jovanka und Oliver ... die Schüler der 7 a sollen das physikalische Gesetz „Druck gleich Kraft durch Fläche“ lernen. Aber wie?

Lehrer A schreibt die Formel $p = \frac{F}{A}$ an die Tafel

und verweist auf die Logik des Bruches. Claudias Augen leuchten, denn sie versteht *abstrakt-intellektuell* den Zusammenhang zwischen p, F und A. Vielen ihrer Mitschüler freilich bleibt das Gesetz rätselhaft – manchen gar ein Leben lang ...

Lehrer B läßt beobachten und experimentieren: Zwei Nägel werden in ein Brett geschlagen. Der eine sehr spitz, der andere sehr stumpf. Warum dringt der spitze leichter, schneller in das Holz? Diesmal meldet sich Frank. Natürlich! Der Druck auf der winzigen Fläche der Nagelspitze ist viel größer als der auf der breiten. Das sieht doch jeder! Sieht es wirklich jeder? Frank jedenfalls hat es *optisch wahrgenommen* ...

Lehrer C teilt jeweils zwei gleiche Bleistifte aus, läßt die Schüler damit auf zwei Briefwaagen so feste drücken, daß die Zeiger auf beiden Waagen genau 250 g anzeigen. Dann wird variiert: Der linke Bleistift drückt mit der Spitze auf die linke, der rechte mit dem stumpfen Ende auf die rechte Waage. Da kann man buchstäblich auf den Fingerkuppen fühlen, wie derselbe Druck auf verschiedenen Flächen anders wirkt. Besonders Jovanka scheint so zu lernen, *haptisch* hat sie den Sachverhalt begriffen ...

Lehrer D redet, malt mit Worten, erzählt Geschichten von großen Flächen und kleinem Druck und kleinen Flächen und großem Druck. Spannend, lustig, anschaulich kann er berichten von Sportgeräten und Maschinen, Werkzeugen und Spielen. Oliver nickt eifrig mit dem Kopf. Längst hat er mit Hilfe der Sprache, über Hören, Reden, Sich-Vorstellen, *verbal-auditiv* also, das

Gesetz $p = \frac{F}{A}$ verstanden ...

Es ließen sich weitere Beispiele anführen, daß Lernen nicht gleich Lernen und Lehren nicht gleich Lehren ist: Als Farbenblinder habe ich z. B. die Rechtschreibung nicht so lernen können, wie das meine Lehrerin sich gedacht hatte, über farbige Buchstaben nämlich ... Den „Pferdsprung“ lernt man auf andere Weise als die „Zinsrechnung“ ... Und daß man englische Vokabeln nicht genauso lehren und lernen kann wie die „Paritätische Mitbestimmung“, dürfte auch von orthodoxen Lernpsychologen nicht mehr bestritten werden.

Aus diesen und ähnlichen Beispielen lassen sich fünf Erkenntnisse ableiten:

1. Denselben Sachverhalt kann man auf verschiedene Arten lehren und lernen.
2. Unterschiedliche Lerninhalte sind unter Umständen auch verschieden strukturiert. *D. Warwick* (1975) z. B. unterscheidet lineares, kumulatives, praktisches und experimentelles Angeordnetsein von Wissen und Können. So gesehen ist es etwas anderes, den „Pythagoreischen Lehrsatz“ oder das englische „present perfect“ zu lernen.
3. Verschiedene Lehrer bevorzugen offensichtlich verschiedene Methoden.
4. Wenn man sowohl den verschiedenen Lerninhalten als auch den unterschiedlich lernenden Schülern gerecht werden will, reicht es nicht, eine einzige Methode (in der Regel den verbalen Frontalunterricht) anzubieten.
5. Von daher ist es sinnvoll, möglichst viele Unterrichtsmethoden kennen und anwenden zu lernen.

1.2 Die Vielfalt verwirrender Begriffe

Diese fünfte Erkenntnis motiviert die folgenden Ausführungen ebenso wie die übrigen sechs Teile dieses Büchleins, das Hilfestellungen bei der *methodischen* Gestaltung von Unterricht anbieten, das also genauer untersuchen möchte, was die Didaktiken zufolge ihrer – Unterricht grundlegenden – theoretischen Verfaßtheit weitgehend außer acht lassen (müssen): die bis in konkrete Einzelheiten den Lehr- und Lernprozeß konstituierenden Vermittlungsformen. Ehe dies jedoch geleistet werden kann, sollten wir uns über die Begrifflichkeit verständigen. Um was geht es in diesem siebenteiligen Forum? Was sind eigentlich Unterrichtsmethoden? Kann man auch von „Sozialformen“ oder „Verfahrensweisen“ sprechen? Auf der Basis dieser zum Teil verwirrenden Begriffe soll in einem 3. Abschnitt ein Ausweg aus dem Dilemma versucht und die dem gesamten Methodischen Forum sich verpflichtende Einteilung der 17 Unterrichtsmethoden begründet werden, ehe ein 4. Abschnitt die einzelnen Methoden kurz vorstellt und ein 5. die entscheidenden Fragen nach der jeweils „richtigen“ Methode aufwirft.

Wer sich einmal die Mühe macht und in diversen schulpädagogischen Monographien, Handbüchern, Lexika oder Fachzeitschriften zu ermitteln versucht, was „Unterrichtsmethoden“ eigentlich sind, wird bereits durch die Fülle der Begriffe konsterniert:

K. Odenbach (1974, S. 319 f.) und *U. Freyhoff* (1973, S. 260 ff.) reden beide von Unterrichtsmethoden. Der eine aber versteht darunter „alle didaktischen Maßnahmen, die zu kreativem Verhalten anregen oder ein Unterrichtsthema verständlich, erlernbar oder nacherlernbar machen“; der andere umschreibt sie mit „Lernhilfen, die geeignet erscheinen, einen ganz bestimmten Lerninhalt im Blick auf die genannten Ziele zu erreichen.“

W. S. Nicklis (1973, S. 294 f.) spricht von „Unterrichtsformen"; *W. Einsiedler* (1974, S. 98) von „Lehrmethoden"; *G. Steindorf* (1972, S. 207) geht auf *J. Dolchs* „Lehrgriffe" zurück und wählt zur Kennzeichnung des hier thematisierten Sachverhalts den Ausdruck „technische Lehrhilfen". *H. Heid* (1973, S. 57) übersetzt Unterrichtsmethoden mit „Unterrichtsverfahren"; *H. Oblinger* (1976, S. 40) mit „Unterrichtsorganisation"; *A. Vogel* ([3]1976; 1975) spricht von „Arbeits- und Aktionsformen"; *E. Kösel* ([5]1976) von „Sozialformen des Unterrichts" und *H.-D. Haller* (1980, S. 6) von „Lehrstilen" ...

Diese längst nicht vollständige begriffliche Vielfalt ist also wenig geeignet, Klarheit über den hier gemeinten Sachverhalt herbeizuführen. Auch im Kontext der verschiedenen didaktischen Theorien sind „Unterrichtsmethoden" nicht gleich Unterrichtsmethoden: *W. Klafki* (1980, S. 37) z. B. möchte in seiner bildungstheoretischen Didaktik den „Grundtypen von Lernprozessen ... angemessene Lernhilfen (Hilfen seitens des Lehrers)" zuordnen. In der lehrtheoretischen Didaktik von *W. Schulz* (1980 a, S. 84) sind Unterrichtsmethoden „eine Sammelbezeichnung für Umgangsformen und Organisationsformen". Die kybernetisch-informationstheoretische Didaktik, wie sie *F. v. Cube* (1980, S. 122) entworfen hat, definiert Unterrichtsmethoden als Lehrstrategien, d. h. als „festgelegte Abfolgen von Steuerungsmaßnahmen". Und *C. Möller* (1980, S. 167) muß in der curricularen Didaktik, gemäß ihrer lernpsychologischen Fundierung, Unterrichtsmethoden als „bestimmte Arrangements der externen Bedingungen des Lehrens" beschreiben, die das Erreichen zuvor operationalisierter Lernziele gewährleisten. Nomina sunt omina – möchte man hier kommentieren. Denn die verschiedenen Termini, Definitionen und Deskriptionen sind natürlich nicht nur Ausdruck eines schon von *Herbart* beklagten begrifflichen Schlendrians, sondern hinter ihnen stehen durchaus unterschiedliche Theorien (und damit gewollte bzw. unerwünschte Praxisfelder) von Unterricht, Schule, Erziehung und Bildung. Darauf einzugehen, ist hier unmöglich; einen Ausweg aus dem Dilemma anzubieten, jedoch längst überfällig. Über die Lösungsträchtigkeit des folgenden Vorschlags mag dann getrost gestritten werden.

1.3 Unterrichtsmethoden im Kontext der kritisch-kommunikativen Didaktik

Gehen wir noch einmal auf das eingangs skizzierte Beispiel zurück: „Druck gleich Kraft durch Fläche" sollte gelernt werden. Aber wie? Ein Ziel galt es zu erreichen, und wenigstens vier verschiedene Methoden boten sich an. Der Begriff „Methode" kommt aus dem Griechischen (meta = nach, sowie hodos = Weg) und kann zutreffend mit Lehr- und Lernweg übersetzt werden. Nun führen aber gerade nicht alle Wege nach Rom. Je nachdem, wie ich als Lehrender agiere und als Lernender mich verhalte, werde ich unter Umständen verschiedene Ziele erreichen. Claudia, Frank, Jovanka und Oliver mögen zwar alle $p = \frac{F}{A}$ gelernt haben, niemand aber wird bestreiten, daß abstraktes, optisches, haptisches oder verbales Lernen zu verschiedenen Vorstellungen über dieses Gesetz führt und damit auch verschiedene Lernziele aufbaut. Oder: Wer mit Hilfe einer Schulfunksendung „Die heimischen Frühlingsblumen“ lernt, weiß nicht dasselbe über Schneeglöckchen und Krokusse wie derjenige, der diese Blumen in einem Buch, im Stadtpark oder unter dem Mikroskop betrachtet hat. Mehr noch: Einer meiner früheren Geographielehrer reagierte stets mit Spott und Hohn auf meine Versuche, Flüsse blau und Täler grün zu malen und erreichte damit, daß ich ein Leben lang genug hatte – von Formen und Farben. Die Inhalte, die Beziehungen, die Vermittlungsformen und die Störungen im Unterricht – so die kommunikative Didaktik – befinden sich in einem unauflöslichen Beziehungsgeflecht, beeinflussen einander und können nur zum Zweck der theoretischen Analyse isoliert betrachtet werden. Unterrichtsmethoden allein machen noch keinen guten (schülerorientierten, spannenden und lustbetonten) Unterricht: Inhalte, Ziele, Beziehungsformen, die Art und Weise, mit Störungen umzugehen usw. sind nicht weniger wichtig. Vor rund 460 Jahren hat diese Einsicht bereits *Erasmus von Rotterdam* (1963, S. 136) gehabt, als er – mit dem damals üblichen Pathos – schrieb: „Der erste Schritt zum Lernen ist die Liebe zum Lehrer.“ Leider ist uns diese kommunikative Dimension des Lernens im Zuge einer kognitivistischen Entwicklung von Didaktik immer mehr aus dem Blick geraten – unwichtiger ist sie deshalb jedoch nicht geworden. Diese erste Einsicht sei wie folgt festgehalten: *Methoden sind zwar wichtige Bausteine unterrichtlicher Lernprozesse, zumindest ebenso wichtig aber sind die Lerninhalte, die Beziehungsstrukturen sowie die störfaktorialen Gesichtspunkte.*

Nun können diese unterrichtlichen Dimensionen hier nicht weiter analysiert werden; ich verweise auf die entsprechende Literatur bei *H. Gudjons* u. a. (1981) sowie *R. Winkel* (1980; ²1980). In diesem – ein Buch eröffnenden – Beitrag geht es lediglich um den Vermittlungsaspekt des Unterrichts, genauer: die verschiedenen Lehr- und Lernwege, die Unterrichtsmethoden. Sie zu systematisieren soll im folgenden versucht werden.

Weil die obige Einsicht – so banal sie ist – in der Regel nicht durchgehalten wird, existieren zur Zeit eine Fülle von verschiedenen Begriffen und nicht mehr komparablen Auflistungen von Unterrichtsmethoden. Da ist vom Vorlesen und Diskutieren, vom Entdecken, Handeln und Impulse-geben ebenso die Rede wie vom Projekt-, Gruppen- oder Frontalunterricht; vom Brainstorming und Diskurs nicht begründeter als von analytischen und synthetischen (Lese-)Methoden. Eine diesbezüglich aufgestellte Liste hat es bei meinem mäßigen Sammeleifer auf bereits mehr als siebzig solcher „Unterrichtsmethoden“ gebracht. Zum Glück können die wenigsten davon Unterrichtsmethoden genannt werden. Häufig sind lediglich verschiedene Denkungsarten von Schülern gemeint oder auch komplexe unterrichtliche Arrangements durch den Lehrer. Andere wiederum sind Differenzierungsformen oder schlichte Motivationshilfen.

Wenn Unterrichtsmethoden ganz bestimmte Lehr- und Lernwege sind, können sie zunächst einmal abgegrenzt werden von den Unterrichts*formen* bzw. *-konzeptionen*, die *W. Schulz* (1980 b, S. 110) auch „Großformen des

Unterrichts“ nennt. Der Projekt-, Erkundungs-, Schülerorientierte oder Handelnde Unterricht etwa sind solche konzeptuellen Entwürfe des gesamten Unterrichts, aber keine – eindeutig identifizierbare Lerninhalte erschließende – Methoden.

Zweitens dürfen Unterrichtsmethoden nicht mit den *Sozialformen* des Unterrichts verwechselt werden. Demokratische, autoritäre oder laissez-fairehafte Führungsstile z. B. weisen auf bestimmte Beziehungsstrukturen hin, die zwar mannigfache Auswirkungen auf Inhalte, Vermittlungsformen und Störungen zeigen, selbst aber keine „Methoden des Beybringens“ (*J. Henningsen,* 1974) sind. Oder: Natürlich finden gruppenunterrichtliche Methoden immer auch in bestimmten Sozialformen statt – etwa in Partner-, Klein- oder Großgruppenbezügen. Insofern sind hier mannigfache Überschneidungen festzustellen. Verwirren aber muß es, wenn man z. B. den Gruppen*unterricht* mal als Methode, dann wieder als Sozialform definiert. Wenn letzteres gemeint ist, sollten wir von Gruppen*arbeit* sprechen, die primär ganz bestimmte Bezüge meint, aber keine Lehr- und Lernwege.

Unterricht ist ein komplexer, teleologisch strukturierter und mitunter recht widersprüchlicher Kommunikationsprozeß, der Lehren und Lernen ermöglichen soll. Diese Kennzeichnung mag uns zu einer zweiten Einsicht führen: *Wenn das kommunikative Element Grundmerkmal des Unterrichts ist, wenn Unterricht sich darin konstituiert, daß bestimmte Personen irgend etwas, irgendwie, in gewissen Interaktionsformen und unter der prinzipiellen Möglichkeit des Scheiterns kommunikativ behandeln, dann ist es sinnvoll, eben diese Kommunikationsfaktoren als Einteilungskriterien für die Systematisierung der unterrichtlichen Einzeldaten anzusehen.*

Welche Kommunikationsfaktoren lassen sich nun im Unterricht ausmachen? Man könnte von fünf Polen eines Beziehungsgeflechts sprechen: Lehrer (L), Teamlehrer (T), Schüler (S), Mitschüler (M) und Gegenstand (G). Wenn man diesen Sachverhalt in eine felddynamische Graphik überträgt, so zeigen sich die in der Abb. 1 verdeutlichten 10 Interdependenzen: L-T (1), T-S (2), S-M (3), M-G (4), G-L (5), L-S (6), L-M (7), T-G (8), T-M (9) und S-G (10).

Von daher lassen sich nun die gängigen Unterrichtsmethoden insofern systematisieren, als es Methoden gibt, denen eine zweipolige, dreipolige, vierpolige oder fünfpolige Interaktion zugrundeliegt.

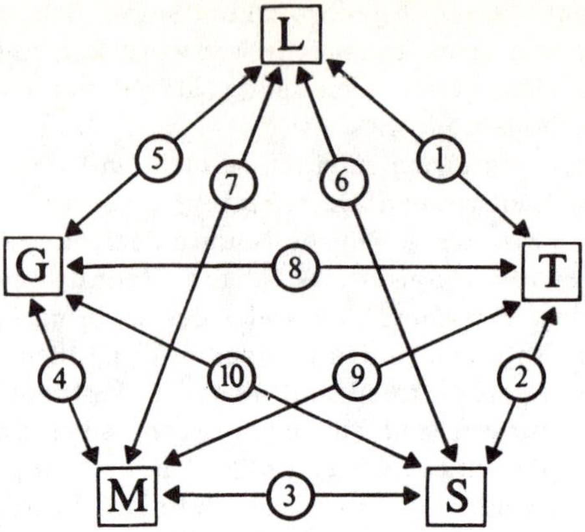

Abb. 1

1.4 Die siebzehn Unterrichtsmethoden

Eine diesen vierten Abschnitt begründende dritte Einsicht lautet: *Unterrichtsmethoden lassen sich je nach der interaktiven Poligkeit systematisieren, das heißt aus der rhapsodischen Aneinanderreihung in eine nachprüfbare Ordnung bringen* – wobei auf die (jene Einteilung) relativierenden Faktoren noch einzugehen sein wird.

A. Methoden der zweipoligen Interaktion (S-G)

Bei der hier zu beobachtenden Interaktion kommuniziert im Idealfall ein Schüler mit einem Gegenstand, Sachverhalt, Lerninhalt, das heißt, es handelt sich um Lehr- und Lernprozesse vom Merkmal einer wechselseitigen Relation zwischen Schüler und Gegenstand ohne Interferenz durch Lehrer und Mitschüler. Insgesamt kennen wir vier Unterrichtsmethoden diesen Typs:

1. *Die Einzelarbeit:* Oft dient sie der Vorbereitung einer mehrpoligen Interaktion (etwa: Protokoll anfertigen, um eine Diskussion fortzuführen). Sie kann aber auch in eine mehrpolige Interaktion eingebettet sein (etwa: einige Schüler experimentieren in Gruppen, die anderen fixieren einzeln deren Beobachtungen). Und schließlich vermag sie auch ihren Zweck in sich selbst zu finden (etwa beim selbständigen Ausrechnen einer Aufgabe). Wie alle Methoden ist auch diese erste in sich ambivalent, bietet Chancen (der Erziehung zur Eigenverantwortlichkeit) und Gefahren (der Isolation und Konkurrenz).
2. *Der Programmierte Unterricht:* Wir kennen lineare, verzweigte und gemischte Programme sowie die Weiterentwicklung in Richtung des computerunterstützten Unterrichts.
3. *Die (schriftliche) Klassenarbeit:* Sie will Lehrenden und Lernenden Feedbacks über angestrebte, erreichte oder verfehlte Lernziele ermöglichen – in ihrer pervertierten Form dient sie der Selektion, Stigmatisierung und Disziplinierung.

4. *Die Hausarbeit:* Wenn sie aus dem Unterricht erwächst und in diesen einmündet, ist sie eine zweipolige Unterrichtsmethode, die aber auch in eine mehrpolige Interaktion übergehen kann, wenn z. B. mehrere Schüler zusammenarbeiten. Hausarbeiten sind am sinnvollsten, wenn sie inhaltsadäquat sind, differenziert gestellt werden, vorbereitenden Charakter haben und ausreichend vor- und nachbesprochen werden.

B. Methoden der dreipoligen Interaktion (S-M-G)
Auch diese Methoden sind offen gegenüber zwei-, vier- und fünfpoligen Beziehungen sowie nicht per se „gut" oder „schlecht". In bestimmten Unterrichtsphasen können ausschließlich Kommunikationen zwischen Schülern, Mitschülern und Gegenständen beobachtet werden, nämlich:
5. *Der Partnerunterricht:* Als Vorübung zum Gruppenunterricht unumgänglich, muß er vom Muster des pupil-pupil-aide-programs gekennzeichnet sein, wenn „der Kampf um den einen Atlas" vermieden werden soll.
6. *Der Kleingruppenunterricht:* Hier ist der Bezugsrahmen nicht die ganze Klasse oder die mehrere Klassen umgreifende Großgruppe, sondern die aus drei bis ca. 15 Schülern sich zusammensetzende face-to-face-group, die arbeitsgleich, arbeitsverschieden oder auch gemischt bestimmte Probleme bearbeitet, wobei die Einführung in die Aufgabenstellung und die Darbietung der Ergebnisse die beiden didaktischen Klammern ausmachen.
7. *Der Großgruppenunterricht:* Häufig als Vorbereitung des Team Teaching, aber auch als Forums- und Plenumsveranstaltung praktiziert, wobei sich die Lehrer bewußt zurückhalten.
8. *Die Simulativen Verfahren:* Wir unterscheiden Plan-, Entscheidungs- und Rollenspiele einerseits sowie Lern-, Kunst- und Sportspiele andererseits. Sobald der Lehrer bei der Vorbereitung, Durchführung und Auswertung solcher Spiele hilft, werden vorübergehend vierpolige Interaktionsmuster zu beobachten sein.

C. Methoden der vierpoligen Interaktion (L-S-M-G)
Lehrer, Schüler, Mitschüler und Gegenstände befinden sich bei den folgenden acht Methoden in einem geplanten Kommunikationsprozeß. Wir unterscheiden:
9. *Die Lehrerdarbietung:* Der Lehrer erzählt, führt ein, faßt zusammen usw., wobei die Schüler selbstverständlich beteiligt sind. Didaktisch legitim ist diese Methode immer dann, wenn es im Unterricht um Informationssequenzen geht. Durch mediale und dramaturgische Unterstützungen kann sie variantenreich eingesetzt werden. Sobald die Lehrerdarbietung aber zum Frontalunterricht entartet („Wenn alles schweigt und einer spricht ..."), haben wir es mit einer geschrumpften Interaktionsform zu tun (Lehrer-Klassenblock), die keine Unterrichtsmethode ist, sondern – ein Dilemma.
10. *Die Schülerdarbietung:* Als Referat, Vorführung oder Kommentierung „vereinigt die Schülerdarbietung zwei Aspekte: den des Lehrens (Informationsweitergabe) und den des Lernens (Training)", schreibt *F. Giera* (1974, S. 49).

11. *Das Experiment:* Wenn der Lehrer sich mit einigen Schülern und diese untereinander um das kontrollierte Überprüfen von Hypothesen bemühen, experimentieren sie. Selbstverständlich werden in diese Methode andere einmünden können (z. B. Gesprächsformen) bzw. von ihr fortführen (z. B. der Kleingruppenunterricht).
12. *Das entwickelnde Lehrgespräch:* Basierend auf der sokratischen Mäeutik dürfte diese zielgerichtete Frage-und-Antwort-Methode (immer und nur) dann sinnvoll sein, wenn durch geschickte Impulse Erkenntnisse auf dem Weg logischen Folgerns gefunden werden sollen – der Klipp-Klapp-Mechanismus, der Fragen stellt, die Schüler nicht ineressieren, und Antworten erwartet, die nur der Lehrer kennt, hat damit nichts zu tun.
13. *Das lockere Unterrichtsgespräch:* Hier geht die Initiative vom Schüler aus, der Themen, Abläufe usw. weitgehend selbst bestimmt.
14. *Die Diskussion:* Sie ist eine formalisierte Gesprächsform, bei der unter einer Leitung Erkenntnisse (Wahrheiten) hier und jetzt gesucht werden.
15. *Das Rundgespräch:* Als Sonderform der Diskussion äußern sich hier alle Gesprächsteilnehmer der Reihe nach zu einem Problem, wobei das Studium entsprechender Fernsehsendungen (z. B. Beruferaten) durchaus geeignet ist, Schüler auf recht platte Varianten dieser Methode hinzuweisen.
16. *Die Debatte:* Ursprünglich im englischen Unterhaus gepflegt, ist sie für die demokratische Regelung von Konflikten auch außerhalb von Parlamenten unverzichtbar. Tagesordnungen, Anträge, Vorsitzende, Debattensprecher, Fraktionen, Abstimmungen usw. sollten nicht nur bei einem Besuch im Bundestag beobachtet, sondern müssen auch im Schulalltag real erfahren werden.

D. Methoden der fünfpoligen Interaktion (L-T-S-M-G)

Bisher kennen wir nur eine Unterrichtsmethode, die diese Poligkeit aufweist, nämlich
17. *Das Team Teaching:* Darunter verstehen wir eine Art des Unterrichtens, bei der mehrere Lehrer den Unterricht gemeinsam vorbereiten, durchführen und auswerten und die Schüler in flexiblen Gruppierungen an diesem Arrangement entscheidend beteiligt sind. Es gibt also kein Team Teaching, in das nicht alle übrigen Methoden zumindest phasenweise einmünden können. Wir unterscheiden fachspezifische, fächerübergreifende, gesamtfächerartige und gelegentlich agierende Teams, die horizontal, vertikal oder gemischt eingesetzt werden können.

Vermissen wird mancher Leser die „Wiederholung" und die „Übung" sowie die „Veranschaulichung" und die „Motivierung". Nach der hier vorgenommenen Einteilung sind diese schulischen Alltagshandlungen jedoch keine – bestimmte Poligkeiten konstituierenden – Methoden, sondern, um ein Bild zu benutzen, Rastplätze, Reiseerleichterungen oder Proviantpäckchen auf den eigentlichen Lehr- und Lernwegen. Diese (allzu kurze) Kennzeichnung heutiger Unterrichtsmethoden wird in der hier präsentierten Reihenfolge von verschiedenen Autoren unseres Forums ausführlich erläutert und illustriert werden. Diesbezüglich kann sich dieser Beitrag also bescheiden. Eine vierte Einsicht aber sei festgehalten:

Alle siebzehn Unterrichtsmethoden lassen sich idealtypisch verschiedenen Poligkeiten zuordnen. Natürlich wird keine Methode 45 Minuten lang in Reinkultur zu beobachten sein; in der Praxis einer Unterrichtsstunde stellen wir in der Regel mehrere und verschiedene Poligkeiten fest, überlappen sich also die Methoden. Und doch gibt es Lehr- und Lernwege, die in ganz bestimmten Unterrichtsphasen eine der genannten Poligkeiten konstituieren, auch wenn sie von anderen vorbereitet, abgelöst oder durchdrungen wird. Darüber hinaus können die Methoden ihre prinzipielle Ambivalenz nur im Kontext der drei übrigen didaktischen Dimensionen des unterrichtlichen Geschehens überwinden.

Auf einige Relativierungen der obigen Auflistung soll abschließend hingewiesen werden:

1. Selbstverständlich gibt es nicht *den* Kleingruppenunterricht oder *das* Team Teaching. Die am Unterricht Beteiligten formen letztlich Varianten dieser oder jener Methode.
2. Gelernt wird nicht nur mit Hilfe formeller Methoden, sondern auch informell, by the way, ungeplant.
3. Wenn Unterrichtsmethoden verschiedene Lehr- und Lernwege sind, können bestimmte Ziele, Erkenntnisse, Kompetenzen usw. nicht in gleicher Weise von allen Methoden erreicht werden.
4. Da jedes Kind mit „Herz, Geist und Hand“ (*Pestalozzi*) lernt, sind kindliche Lernprozesse allemal vielschichtiger als die obige Systematik suggerieren mag. Das komplexe Geflecht schulischen Lernens galt es hier nicht aufzuzeigen, wohl aber den einen Strang möglicher Lernwege. Was in der Theorie relativ einfach zu trennen ist, gehört in der allemal schwierigeren Praxis selbstverständlich zusammen.
5. Prinzipiell stehen Lehrern und Schülern alle 17 Unterrichtsmethoden zur Verfügung. Welche hier und heute sinnvoll sind, um z. B. dieses oder jenes zu lernen und langfristig vom lehrer- zum schülerorientierten Unterricht zu gelangen, kann nicht allein von den Methoden her entschieden werden. So weist z. B. *U. Vohland* (1980) überzeugend nach, daß sich die Konzeption des offenen und schülerorientierten Unterrichts nur dadurch (schrittweise) realisieren läßt, daß sich die Partizipation der Schüler auf die Lernmethoden ebenso erstreckt wie auf die Lernziele, Lerninhalte, Lernmedien und die Lernkontrollen.

1.5 Wie findet man die „richtige“ Methode?

Die entscheidende Frage ist nun zu stellen: nach welchen Gesichtspunkten wählt man eigentlich die „richtige“ Methode aus? Gibt es Entscheidungshilfen bei der Auswahl der adäquaten Lehr- und Lernwege? Von *H. Roth* (^{10}1967, S. 109) stammt der Satz: „Wenn wir Methode definieren als die vom Lehrer herbeigeführte richtige Inbeziehungsetzung eines nach seinem eigentlichen Wesensgehalt aufgeschlossenen Gegenstandes mit der spezifischen Verstehensfähigkeit eines nach seiner Entwicklungsphase und geistigen Reife bekannten Kindes oder Jugendlichen, dann ist allerdings sowohl die psychologische Erkenntnis des Kindes wie die sachlogische des Gegenstandes von ausschlaggebender Bedeutung für eine fruchtbare Methodik.“ In diesem Satz sind bereits wichtige Auswahlkriterien genannt. Ich darf sie im folgenden erweitern und erläutern. Jede der 17 Unterrichtsmethoden muß vor ihrer Verwirklichung mit folgenden Fragen konfrontiert werden:

1. Ist die Methode inhaltsbezogen?
2. Trägt sie der Individuallage des/der Schüler/s Rechnung?
3. Vermögen Lehrer und Schüler sie zu handhaben?
4. Ist sie pädagogisch-didaktisch legitimiert?
5. Kann sie unter den jeweiligen schulisch-unterrichtlichen Gegebenheiten realisiert werden?

Wir hätten also eine fünfte Einsicht festzuhalten: *Bei der Auswahl der adäquaten Unterrichtsmethode ist vor- und nachbereitend ein Entscheidungs- und Legitimationsgeflecht zu berücksichtigen, das wenigstens fünffach dimensioniert ist* (vgl. Abb. 2).

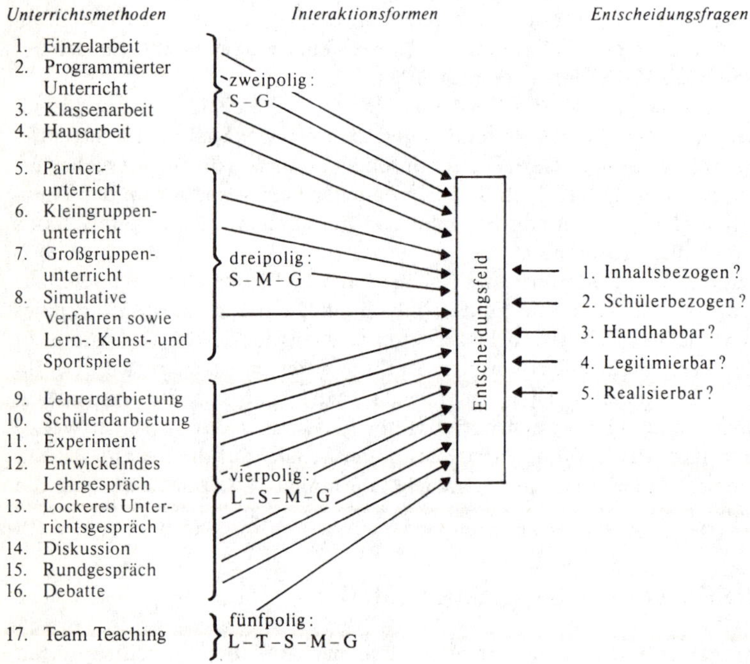

Abb. 2

Ein paar verallgemeinerungsfähige Erläuterungen:

Zu 1.: Die Frage nach der Inhaltsbezogenheit kann nur in einem intimen Dialog mit der jeweiligen Fachwissenschaft und Fachdidaktik beantwortet werden. Daß man den „Ausbruch eines Vulkans“ nicht genauso lehren und lernen kann wie die „Groß- und Kleinschreibung", dürfte einsichtig sein. Schwieriger wird es bei speziellen Themen: „Wurzelziehen" und „Kreissektoren", „Aggressionen bei Mensch und Tier" usw. Hier helfen didaktische Analysefragen (besonders nach der thematischen Strukturierung), wie sie *W. Klafki* (1980) gestellt hat, insofern weiter, als sie für die Inhaltsdimension sensibilisieren.

Ein pragmatischer Tip → *Man lese als Lehrer – neben einer allgemein-pädagogischen – regelmäßig eine den eigenen Unterrichtsfächern dienliche Fachzeitschrift!*

Zu 2.: Wer mit anderen einen bestimmten Weg beschreitet, will in der Regel nicht nur zu einem anvisierten Ziel gelangen, sondern muß auch diejenigen berücksichtigen, die sich auf den Weg machen: Kleine und große, barfüßige und bebrillte, motivierte und desorientierte ... Schüler. Gerade die Wechselwirkungen von Schülermerkmalen und Unterrichtsmethoden, unter der Kürzel ATI-Forschung (Aptitude-Treatment-Interaction), gilt es hier ebenso im Auge zu behalten wie neuere entwicklungs- und lernpsychologische bzw. schulsoziologische Literatur.

Mein persönlicher Tip → *Man lasse sich durch das „Lehrertagebuch" von Jürg Jegge (1980) an- und aufregen!*

Zu 3.: Es hat wenig Sinn und verführt nur zur methodischen Resignation, wenn man Schülern eine komplexe Gruppenarbeit zumutet, ehe sie nicht als Partner Kooperation gelernt haben. Genauso abwegig ist jedoch die Meinung, man brauche als Lehrer nur ein Buch über Team Teaching zu lesen und schon könne man diese Methode. Hier sind vielfältige Beobachtungen, Erfahrungen und auch Übungen notwendiger als Literaturstudien. Nicht jeder Schüler und jeder Lehrer wird in gleichem Maße alle 17 Methoden handhaben lernen. Da gibt es Vorlieben und Präferenzen, Abneigungen und Grenzen. Mehr als den verbalen Frontalunterricht aber kann jedermann (durchführen und ertragen) lernen.

Ein wohlmeinender Tip → *Hospitieren Sie bitte eine Stunde pro Woche abwechselnd bei denjenigen Kollegen Ihrer Schule, die auch in Ihren Unterricht mal hineinschauen wollen!*

Zu 4.: Die Frage nach der pädagogisch-didaktischen Legitimation der jeweiligen Methode reicht tief in bildungstheoretische Überlegungen hinein. Will ich mit Hilfe des Rechtschreibprogramms meine Schüler zu disziplinierten Schreiberlingen erziehen oder diskutiere ich mit ihnen vorher, daß diese Welt (unter anderem auch) ohne richtiges Schreiben nicht zu verbessern ist? Lasse ich die Klasse deshalb stillarbeiten, weil diese Form für mich recht bequem ist oder braucht sie nach einer hektischen Diskussion diese Ruhe- und Konzentrationsphase? Benutze ich Klassenarbeiten als Disziplinierungsrituale oder als eine Methode, gemeinsam sich einer kritischen Lerndiagnose zu stellen?

Mein ernstgemeinter Tip → *Besuchen Sie, gemeinsam mit kleineren Schüler- und Elterngruppen, jeweils ein Erziehungsheim und eine Gesamtschule!*

Zu 5.: Wer in einem schräg nach oben aufsteigenden Chemiesaal anhand einiger Folien einen Versuch erläutern möchte, um anschließend ein Rundgespräch über „Säuren und Laugen" zu beginnen, aber weder einen Over-

head-Projektor noch flexibles Mobiliar vorfindet, darf sich nicht wundern, wenn sein methodisches Vorhaben scheitert. Diese kritische Sichtung schulisch-unterrichtlicher Gegebenheiten soll keiner Resignation Vorschub leisten, sondern die Bedingungen der Möglichkeit eines flexiblen Methodenangebots erst eigentlich herstellen.
Daher ein abschließender Tip → *Bitten Sie Ihren Schulleiter, in eine der nächsten Konferenzen den Tagesordnungspunkt einzuplanen: „Unsere Räumlichkeiten und Medien für eine progressive Unterrichtsgestaltung"!*

„Ziel der methodischen Entscheidungen ist es also", schreibt *J. Fritz* (1980, S. 19), „fachgebundene und soziale Ziele, die Forderungen des Sachgegenstandes und die vielschichtigen Bedingungen der Lernenden miteinander zu verschweißen." Dazu vermag die Wissenschaft einige grundsätzliche Überlegungen beizutragen; das eigentliche „Verschweißen" aber muß jeder Lehrer in seiner konkreten Schulwirklichkeit selbst riskieren.

Sicherlich kann weder dieser Beitrag noch können die folgenden Darstellungen einzelner Unterrichtsmethoden eine letztliche Klarheit über die „richtige" Unterrichtsmethode für diesen Lerninhalt und jenen Schüler, für diesen Lehrer und jenes Fach, für diese Intention und angesichts jenes Hemmnisses herbeiführen. Hier liegen noch ausgedehnte Forschungsfelder. Außerdem soll die „methodische Freiheit" des Lehrers mit Hilfe der Wissenschaft nicht eingeengt, sondern allenfalls durchschaubarer gemacht werden.

„Erstes und letztes Ziel unserer Didaktik soll es sein, die Unterrichts*methode* aufzuspüren und zu erkunden, bei welcher die Lehrer weniger zu lehren brauchen, die Schüler aber dennoch mehr lernen; und bei der in den Schulen weniger Lärm, Überdruß und unnützige Mühe zugunsten von mehr Freiheit, Vergnügen und wahrhaftem Fortschritt herrscht." Diese Worte schrieb *Johann Amos Comenius* vor mehr als 300 Jahren in seiner „Didactica Magna". Hat sich an dieser auch uns aufgetragenen Verpflichtung bis heute irgend etwas geändert?

1.6 Literatur

Aschersleben, K.: Einführung in die Unterrichtsmethodik. Stuttgart: Kohlhammer ³1979.

Comenius, J. A.: Opera Didactica Omnia. Repr. Neudruck. Prag: Academia Scientiarum Bohemoslovenica 1957.

Cube, F. v.: Die kybernetisch-informationstheoretische Didaktik. In: WPB, 32 (3/1980), S. 120 – 124.

Einsiedler, W.: Schulpädagogischer Grundkurs. Donauwörth: Auer 1974.

Erasmus v. Rotterdam: Ausgewählte pädagogische Schriften. Besorgt von *J. Gail.* Paderborn: Schöningh 1963.

Fénelon, F.: Über Mädchenerziehung. Bochum: Kamp 1962.

Freyhoff, U.: Stichwort „Methodik". In: Wörterbuch der Schulpädagogik. Freiburg: Herder 1973, S. 260 – 262.

Geißler, G.: Das Problem der Unterrichtsmethode. Weinheim: Beltz 1970.

Geißler, H.: Modelle der Unterrichtsmethode. Stuttgart: Klett-Cotta 1977.

Giera, F.: Formen des Unterrichts. In: *E. Ahrens* (Hrsg.): Einführung in die Schulpraxis. Heidelberg: Quelle & Meyer 1974, S. 47 – 71.

Gudjons, H./Teske, R./Winkel, R. (Hrsg.): Didaktische Theorien. Hamburg: Bergmann +Helbig 1987⁴.

Haller, H.-D.: Lernmethoden statt Lehrmethoden! In: arbeiten + lernen, 2 (10 – 10a/ 1980), S. 3 – 9.

Heid, H.: Praktikum der Schulpädagogik. München: List 1973.

Henningsen, J.: Erfolgreich manipulieren. Ratingen: Henn 1974.

Jegge, J.: Dummheit ist lernbar. München: Kösel 1980.

Klafki, W.: Die bildungstheoretische Didaktik. In: WPB, 32 (1/1980), S. 32 – 37.

Kösel, E.: Sozialformen des Unterrichts. Ravensburg: Maier [5]1976.

Menck, P./Thoma, G. (Hrsg.): Unterrichtsmethode – Intuition, Reflexion, Organisation. München: Kösel 1972.

Meyer, H.: Leitfaden zur Unterrichtsvorbereitung. Königstein: Scriptor 1980.

Möller, C.: Die curriculare Didaktik. In: WPB, 32 (4/1980), S. 164 – 168.

Moser, H. (Hrsg.): Probleme der Unterrichtsmethodik. Kronberg: Athenäum 1977.

Nicklis, W. S. (Hrsg.): Handwörterbuch der Schulpädagogik. Bad Heilbrunn: Klinkhardt 1973.

Oblinger, H.: Schulpädagogik. Donauwörth: Auer 1976.

Odenbach, K.: Lexikon der Schulpädagogik. Braunschweig: Westermann 1974.

Pütt, H.: Organisations- und Interaktionsformen des Unterrichts – Überlegungen zur Unterrichtsmethode. In: *W. Twellmann* (Hrsg.): Handbuch Schule und Unterricht. Band 4.1. Düsseldorf: Schwann 1981, S. 375 – 391.

Roth, H.: Pädagogische Psychologie des Lehrens und Lernens. Hannover: Schroedel [10]1967.

Schulz, W.: Die lerntheoretische Didaktik. In: WPB, 32 (2/1980), S. 80 – 85 (a).

Schulz, W.: Unterrichtsplanung. München: Urban & Schwarzenberg 1980 (b).

Steindorf, G.: Einführung in die Schulpädagogik. Bad Heilbrunn: Klinkhardt 1972.

Vogel, A.: Unterrichtsformen I u. II. Ravensburg: Maier [3]1976 u. 1975.

Vohland, U.: Offenes Curriculum – Schülerzentrierter Unterricht. Bochum: Kamp 1980.

Warwick, D.: Curriculum Structure and Design. London: University of London Press 1975.

Winkel, R.: Zur Theorie und Praxis der Unterrichtsmethoden. In: Die Deutsche Schule, 70 (11/1978), S. 669 – 683.

Winkel, R.: Die kritisch-kommunikative Didaktik. In: WPB, 32 (5/1980), S. 200 – 204.

Winkel, R.: Der gestörte Unterricht. Bochum: Kamp [4]1987.

Winkel, R.: Antinomische Pädagogik und Kommunikative Didaktik. Düsseldorf: Schwann 1986.

Kristian Kunert, Dr. phil., Jg. 1941,
Professor für Erziehungswissenschaft
an der Universität Tübingen

Anschrift:
Institut für Erziehungswissenschaft II
Münzgasse 11, 7400 Tübingen

Wichtige Publikationen

Einführung in die curriculare Unterrichtsplanung. München: Kösel 1976.
Lernorganisation. München: Kösel 1977.
Theorie und Praxis des offenen Unterrichts. München: Kösel 1978.
(Hrsg.): Beispiele zum offenen Unterricht. München: Kösel 1979.
(Hrsg.): Studienreihe Schulpädagogik. München: Kösel 1980.
Kritik und Erneuerung der Unterrichtsplanung; Baltmannsweiler: Schneider 1986.

2 Methoden der zweipoligen Interaktion

Die Einzelarbeit (1), der Programmierte Unterricht (2), die schriftliche Klassenarbeit (3) und die Hausarbeit (4)

Kristian Kunert

Dem begrüßenswerten Versuch von *Rainer Winkel* (1978, 1981), dem Wirrwarr im Bereich der Unterrichtsformen oder -verfahren mit Hilfe der Ausrichtung auf den kommunikativen Aspekt zu entgehen (welche Begegnungsformen lassen die einzelnen unterrichtlichen Aktivitäten zu?), soll die Darstellung der von *Winkel* systematisierten 17 „Unterrichtsmethoden" folgen. Der vorliegende Aufsatz befaßt sich mit der ersten Gruppe solcher Methoden, die vorrangig von einer zweipoligen Interaktion bestimmt wird; d. h.: der Schüler setzt sich unmittelbar mit einem Sachverhalt oder Gegenstand auseinander, Lehrer oder Mitschüler oder Eltern haben nur Randfunktion.

Gerade weil es sich bei den hier vorzustellenden Methoden um mitunter „wenig geachtete" Lernwege handelt, möchten die folgenden Ausführungen deutlich machen, daß ihr schülerorientierter Einsatz zahlreiche Möglichkeiten bietet, mit- und selbstbestimmtes Lernen anzubahnen.

2.1 Die Einzelarbeit

2.1.1 Ausgangsszenen

- Beim Besuch der amerikanischen Grundschule (für Kinder der US-Streitkräfte) in Augsburg werden wir auch in eine erste Klasse geführt, in der die Lehrerin jeweils vier Einzeltische zusammengestellt und durch senkrechte Papptafeln voneinander getrennt hat. Jeder Schüler hat so ständig einen abgeschirmten Arbeitsplatz.
- Lesephase in einer Gruppe der Jena-Plan-Modellschule von Apeldoorn (Niederlande): Jedes Kind oder jede Kindergruppe arbeitet nach dem vorgesehenen individuellen Plan; die zur Verfügung stehenden Materialien (Bücher, Hefte, Einzelblätter, Lesewerke) werden aus den Regalen im Klassenzimmer oder im Gang geholt; die Kinder beginnen sofort mit ihrer Arbeit, lesen für sich, in der Gruppe oder mit der Lehrerin oder sie bearbeiten Arbeitsblätter.
- Nachdem das Verfahren der Multiplikation von Brüchen an zwei Beispielen frontal mit der Klasse erarbeitet wurde, fordert der Lehrer die Schüler auf: „Rechnet bitte auf Seite 96 im Rechenbuch, Aufgabe Nr. 8." Jedes Kind rechnet in seinem Heft.

2.1.2 Thesen

1) Die Einzelarbeit spielt als einfachste Form der Abweichung vom Referatsstil oder von der Frontalunterweisung an den Schulen eine große Rolle, wird aber in der Theorie wenig herausgehoben. Gesamtgesellschaftlich gilt, daß ihre Bedeutung für viele Bereiche des Weiterlernens noch steigen wird (Fernstudien aller Art – vgl. dazu z. B. *Dohmen*, 1967); für einige Berufe gehört sie zum Bestand der grundlegenden Arbeitstechniken (Wissenschaftler, Künstler u. ä.).

2) Die Einzelarbeit an den Schulen unterscheidet sich nach den vom Lehrer zugestandenen Freiheitsgraden. Sehr weit verbreitet ist die in der dritten Szene beschriebene Form einer fast pervertierten Kurzphase, wobei der Schüler lediglich für Minuten die Möglichkeit einer Eigensteuerung besitzt. Hier gehört die Einzelarbeit fast zum Ritual einer Beschäftigungstherapie: der Schüler geht mehr oder weniger gezwungen auf den Wunsch des Lehrers ein, bei möglichst allen Schülern einen angeblichen Lernerfolg zu erzielen, und spielt mit (oder tut wenigstens so). Der Lehrer bringt ihm so viel Mißtrauen entgegen, daß er längere Phasen der Einzelarbeit nicht zulassen möchte.

3) Größere Freiheiten in der zeitlichen Gestaltung besitzt der Schüler bei allen Arten von individualisierenden Lernsystemen, wie sie vor allem für den Erwerb von Basisqualifikationen wie Lesen oder Rechnen in den USA und in Schweden entwickelt wurden (vgl. den Überblick bei *Glogauer*, 1976). Der Schüler arbeitet mit nach dem Baukastenprinzip entwickelten, nicht veränderbaren Teilen solcher Lernsysteme, wobei der Hierarchisierung der Lernziele (= Anordnung in einer nicht zu durchbrechenden Reihenfolge) große Bedeutung beigemessen wird. Die Grundsätze der Systementwicklung (am Beispiel der „Individually Prescribed Instruction" = IPI-Methode – *Lindvall/Bolvin*, 1976, S. 82 ff.) belegen die Nähe zur Methode der Programmierten Unterweisung: „Die Lehrziele müssen in einzelne Lernschritte unterteilt werden." – „Die Anordnung der Lehrziele soll den Fortschritt des Schülers gewährleisten bei einem Minimum an Lücken oder schwierigen Lernschritten und wenigen Überschneidungen oder unnötigen Wiederholungen." – „Wenn die Schüler den Lehrplanstoff selbständig erarbeiten sollen, muß das Lehrmaterial einen steten Fortschritt bei der Beherrschung der jeweiligen Lehrziele ohne ständige Hilfe des Lehrers ermöglichen." – „Beim individualisierten Unterricht müssen die Fähigkeiten und Kenntnisse jedes Schülers erkannt werden, so daß jeder Schüler an dem für ihn günstigen Punkt im Programm beginnen kann." – „Beim individuellen Unterricht müssen Bedingungen geschaffen werden, die jedem Schüler das Lernen in dem von seinen Arbeitsgewohnheiten und seinen Fähigkeiten abhängenden individuellem Arbeitstempo ermöglichen." – „Unterricht ist wirkungsvoll, wenn der Schüler durch Tun und Üben lernt." – „Der Schüler lernt besser, wenn eine richtige Lösung sofort bestätigt wird."

4) Für den Erwerb von Basisqualifikationen auf allen Stufen des Schulsystems können diese Leitlinien nützlich sein. Die erwähnten ausformulierten Lernsysteme engen aber den Spielraum von Lehrer und Schüler zu stark ein;

sie haben sich in der Bundesrepublik nach meiner Einschätzung nicht durchsetzen können. Als bessere Möglichkeit bietet sich – nach der zweiten Szene – ein vom Lehrer selbst zusammengestellter, auf die Belange der Schüler abgestimmter „Lerngang" an, wobei der einzelne Schüler auch an der Auswahl von Inhalten – etwa über Parallelangebote – beteiligt werden soll.
5) Die Praxis der Einzelarbeit leidet noch unter der ungenügenden wissenschaftlichen Erforschung dieser Methode. Dies gilt einmal für die von ihr vorausgesetzten Materialien (vgl. z. B. zur Frage der Verständlichkeit von Texten – *Tergan,* 1980), zum anderen für die mit Hilfe solcher Lernmaterialien ausgelösten kognitiven Prozesse beim Lernenden (vgl. im gleichen Forschungsbereich *Schnotz* u. a., 1979). Dabei scheint zumindest in der lernpsychologischen Begründung so weit Einigkeit zu herrschen, daß der Schüler eher als aktiver Gestalter gesehen wird als in der Rolle des Nachvollziehers (vgl. hierzu vor allem den Sammelband zur „kognitiven Komplexität" von *Mandl/Huber,* 1978).
6) Die Einzelarbeit gewinnt eine ganz neue und wichtige Stellung innerhalb der Unterrichtsmethoden, wenn die Schulen die in der Theorie geforderte Form des „erfahrungsoffenen Lernens" stärker praktizieren (z. B. *Garlichs/Groddeck,* 1978 a). Hierbei sollen subjektive Eindrücke des Schülers thematisiert werden; er soll seinen Erfahrungshintergrund einbringen können. Ein solcher Unterricht beachtet nicht nur die Methode des Vorgehens aus der Sicht der Didaktik oder Methodik, er öffnet sich statt dessen der subjektiv verzerrten Abbildung dieser Methodikschritte in den Schülern (Wie empfinden sie eine Maßnahme? Werden sie mit den Belastungen fertig? usw.). „Die Einseitigkeit schulischer Erfahrung kann nur dann zugunsten einer größeren Erfahrungsvielfalt überwunden werden, wenn schulische Inhalte ihre Eindeutigkeit, Sterilität und Abgestandenheit verlieren, wenn Sachverhalten und Problemen jene Mehrdeutigkeit zugestanden wird, die ihnen in der sozialen Realität anhaftet" (*Garlichs/Groddeck,* 1978 b, S. 18). – In einer so erfahrungsbezogenen Einzelarbeit erhält der Schüler also durch den Lehrer den Freiraum, seine Interpretation der vollzogenen Lernschritte zu thematisieren; der Lehrer gesteht ihm das Recht auf eine eigene Lebenswelt und Schülerkultur zu.

2.1.3 Hilfen

- Lassen Sie Schülern öfters die Gelegenheit, eine offizielle didaktische Maßnahme (also z. B. den Verlauf einer Stunde, den Einsatz eines Mediums, die Form einer Lernkontrolle) aus ihrer Sicht (schriftlich, mündlich, über Medien, in der Simulation eines Rollenspiels) zu kommentieren. Halten Sie sich hierbei zurück und registrieren Sie vor allem auch Abweichungen zwischen einzelnen Schülern.
- Prüfen Sie die Freiheitsgrade bei den von Ihnen vorgesehenen Phasen der Einzelarbeit. Ist es möglich, den Schülern mehr Eigenständigkeit zuzugestehen?

• Welche Hilfen brauchen Ihre Schüler, um die anspruchsvolleren Formen der Einzelarbeit praktizieren zu können (z. B. ein Referat halten, Thesen aufstellen und vortragen, künstlerische Ausdrucksmittel einsetzen)?
• Falls Sie Lernsystemen bisher skeptisch gegenüberstanden: Planen Sie für eine begrenzte Unterrichtseinheit eine solche Vorgehensweise. Es soll also mit verschiedenen Materialien ohne die Darbietung durch den Lehrer gelernt werden. Legen Sie mit der Klasse die einzelnen Schritte fest; helfen Sie den Schülern mit einem möglichst individualisierten Lernplan. Verzichten Sie auf alle Fälle auf längere Phasen der Frontalunterweisung.

2.2 Der Programmierte Unterricht

2.2.1 Ausgangsszenen

• Bearbeiten Sie bitte die folgenden Programmausschnitte aus *Schiefele/Huber* (1969, S. 21 ff.) und decken Sie hierzu die rechte Spalte mit der richtigen Antwort ab.

1) Die meisten Lehrer und Lernpsychologen stimmen dem *Erfolgsgesetz* zu, das der amerikanische Psychologe *Thorndike* formuliert hat. – Es besagt, ein Lernprozeß sei dann besonders nachhaltig, wenn der Lernende a) erfährt, daß seine Antwort richtig und damit erfolgreich war. b) weiß, daß er der Beste von allen ist. c) oft genug wiederholt. d) zwar beliebig Fehler machen kann, aber ständig verbessert wird.	*Antwort zu 1:* a) erfährt, daß seine Antwort richtig und damit erfolgreich war
3) Bestätigt werden kann selbstverständlich nur, was richtig ist. – Deswegen wird vom Lehrer verlangt, daß er den Unterricht so führt, daß seine Schüler möglichst nur ... (Fahren Sie bitte mit eigenen Worten fort!)	*Antwort zu 3:* richtig antworten; richtige Antworten geben.
9) Ständig und unmittelbar bestätigtes, schrittweises Lernen ist sehr nachhaltig. Die Konsequenz aus diesen Befunden ist offensichtlich. – Die beste Art jeden Unterrichts ist der Einzelunterricht, weil ... (Bitte, vollenden Sie den Satz!)	*Antwort zu 9:* jedem Schüler unmittelbar alle richtigen Antworten bestätigt werden können.

• Bericht der Wochenzeitung „Die Zeit“ über den computerunterstützten Unterricht am Augsburger St.-Anna-Gymnasium: „Monika M. ... hat Schwierigkeiten im Englischen ... Monika geht also am Nachmittag in die Schule und setzt sich an ein freies Terminal ... Monika ruft das Programm HAVE-BE auf, mit dem sie die Hilfsverben ‚to have‘ und ‚to be‘ üben will. – Nun werden Monika eine Reihe von Fragen gestellt, und es entspinnt sich folgendes Frage-und-Antwort-Spiel: Computer: Übersetze: Es regnet. Ich werde naß. Monika: It is raining. I am getting wet. Computer: Richtig. Möchtest du eine weitere Aufgabe? Monika: Ja. Computer: Übersetze: Ich habe ein Kaninchen ... – Monika übt eine halbe Stunde. Dann läßt sie sich ein Protokoll ausgeben ... Am nächsten Tag wird sie mit ihrem Lehrer über die Übung sprechen ... “

2.2.2 Thesen

1) Die Entwicklung von Programmen erlebte nach der Übernahme der entsprechenden lernpsychologischen Grundlagen in der Bundesrepublik etwa seit 1965 einen gewissen Aufschwung. Entwickelt wurden im allgemeinbildenden Schulwesen vor allem Programme für Mathematik, Deutsche Sprache, andere Sprachen wie Englisch, Latein oder Griechisch, Physik und vereinzelt andere Sachfächer (vgl. z. B. *Huber/Keil* o. J.).
2) Nachhaltige Einflüsse auf die Schulpraxis sind nicht oder kaum festzustellen. Veröffentlichte Programme werden verschwindend gering an den Schulen eingesetzt. Dies wäre negativ zu sehen, wenn der Grund in der mangelnden Information der Lehrer zu sehen wäre; positiv wäre eine solche Tendenz zu bewerten, wenn sie auf einer Skepsis der Lehrer gegenüber einigen der in den Programmen praktizierten Lernprinzipien basieren würde.
3) In der theoretischen Auseinandersetzung sind sich konservativ-geisteswissenschaftliche, gesellschaftskritische und kommunikative Didaktik auf eigentümliche Weise einig: aus der Sicht der geisteswissenschaftlichen Pädagogik moniert *J. Flügge* (1978, S. 104 ff.) am Programm „Der Wald im Dienste des Menschen" beispielsweise, daß bedeutende Lernziele ausgeschlossen und unbeabsichtigte Nebeneffekte erzielt werden oder daß das kritische Denken eher gehemmt als gefördert werde. „Das Programm gibt die Schüler nicht frei, die Grenzen der Betrachtungsweise, in der sie unterwiesen wurden, zu erkennen" (S. 113). Über die Rigidität der programmierten Lerngesetzlichkeiten scheint Einigkeit zu bestehen.
4) Ohne diese Rigidität zumindest für die erste Generation der von *Skinner* angeregten Lernprogramme bestreiten zu wollen, möchte ich doch auf differenzierende Argumente eingehen und vor allem (vgl. These 5) die Übernahme einiger von der Programmierung abgeleiteten bzw. in Auseinandersetzung mit ihr entwickelten Planungstechniken für den Lehrer empfehlen:
a) Die von *Flügge* verlangte Forderung nach umfassender, „sinnorientierter" Interpretation eines Lerninhalts gilt ebenso für den einzelnen Lehrer oder für ein Schülerbuch. Nur mit sehr viel Naivität kann man z. B. annehmen, diese würden die Relativität und Grenzen ihrer Stoffinterpretation immer offenlegen.
b) Schulische Leistungen sind auch vom gesellschaftlichen Verwertungszweck abhängig. Oft werden gegen bessere theoretische Einsicht bestimmte Qualifikationen verlangt, die im Rahmen technologisch-effektivitätsorientierter Unterweisung zu vermitteln sind. Würde die Schule diese Aufgabe durch geeignete Programme – vor allem computerunterstützter Art und im Sinne der oben erwähnten Lernsysteme – verbessern, würde sie Zeit für weitergehende Phasen der Auseinandersetzung freisetzen. Wer selbst eine gesellschaftlich anerkannte Position erworben hat, weil er vorher entsprechende Anpassungsleistungen erbracht hat, kann sich leicht über diese Anpassungsleistungen – z. B. das System der Rechtschreibung – erheben und ihre Aufhebung verlangen.
c) Die Programmierte Unterweisung hat sich methodisch weiterentwickelt – über die Verzweigung bis hin zu offenen Programmen der Gegenwart (z. B. zum Thema „Winkel" – *Hopf*, 1978).

5) In Auseinandersetzung mit den Grundsätzen der Programmierten Unterweisung hat sich in den letzten Jahren theoretisch und in der Praxis – vor allem der zweiten Ausbildungsphase – eine Form der lernzielorientierten Unterrichtsplanung entwickelt, die mir – wenn sie der Freiheit des einzelnen Lehrers und seinen jeweiligen Bedingungen sowie den inhaltlichen Strukturmerkmalen (eines Faches bzw. eines Themas) Rechnung trägt – im eben skizzierten Sinn zur Vermittlung von Basisqualifikationen geeignet erscheint. Eine nähere Erläuterung erspare ich mir an dieser Stelle (vgl. *Kunert,* 1976, 1977); ich möchte nur anmerken, daß ich solche curricularen Planungselemente – wie etwa die Festlegung von Lernzielen, das Erfassen von Lernvoraussetzungen oder eine problembezogene Lernkontrolle – nicht im Gegensatz zu Bestrebungen der Öffnung des Unterrichts oder der Schülerorientierung sehe (*Kunert,* 1978, 1979). Zur Kritik an dieser Lernzielorientierung verweise ich auf *Warwick/Winkel* (1975), *Flügge* (1978) oder *Nicklis/Wehrmeyer* (1976).

2.2.3 Hilfen

- Beschaffen Sie sich Informationen über bisher veröffentlichte Programme. Sie erscheinen vor allem bei den Verlagen: Ehrenwirth (München), Bayerischer Schulverlag (München), Klett (Stuttgart), Westermann (Braunschweig), Schroedel (Hannover).
- Gelegentlich habe ich Kurzprogramme mit Hilfe von Arbeitsblättern – ähnlich der ersten Szene – selbst verfaßt. Der Schüler legt einen Streifen auf die rechte Antwortspalte (er kann sie auch abknicken bzw. abschneiden) und prüft jede Antwort selbständig.
- Mit der Einführung von verzweigten Programmen soll sichergestellt werden, daß Schüler nur echte Lernschritte vollziehen (also ohne Leerlauf lernen). Wie vermeiden Sie einen solchen Leerlauf in Ihrem Unterricht?
- Welche der aufgelisteten Lernprinzipien und -begriffe würden Sie interessieren? Hierüber informiert Sie das Programm von *Schiefele/Huber* (1969):

– Prinzip der kleinen Schritte
– Individualisierung: keine Über-, Unterforderung
– Lernwegdifferenzierung
– Verstärkung
– Fehlervermeidung und Korrektur
– Erfolgskontrolle
– Festlegung des Lernziels in Verhaltensbegriffen.

2.3 Die schriftliche Klassenarbeit

2.3.1 Ausgangsszenen

- Während meiner Gymnasialzeit gab es einen Lehrer, der setzte uns vor einer Klassenarbeit nach den Noten der letzten Prüfung zusammen und wollte so Mogeleien ausschalten. Andere Lehrer geben die Arbeiten in der Reihenfolge der Noten (von den guten abwärts oder von den schlechten aufwärts) zurück. Ein Lateinlehrer gab einmal allen Schülern eine mündliche Sechs, weil einer unserer Mitschüler eine Frage nicht beantworten konnte und anschließend die gesamte Klasse auch keine Antwort wußte.

- Ein Hauptschüler erzählte mir, daß er vor jeder Schulaufgabe nicht schlafen könne und sich am Morgen des Prüfungstages regelmäßig erbrechen müsse.
- Die Diskussion während der Fortbildungstagung mit einem Lehrerkollegium ergab, daß die unterschiedlichsten Verfahren bei der Notengebung angewandt werden: Einige Lehrer gehen von der Soll-Punktzahl aus (nach ihren Planungen hätten die Schüler diese Zahl von Punkten erreichen können, folglich wird bei der Notenverteilung ohne Rücksicht auf die tatsächlichen Leistungen mit der besten Note bei dieser Zahl begonnen), andere von der Ist-Punktzahl (die tatsächlich von den Schülern erreicht wurde). Einige versuchen, für jede Klassenarbeit eine Art Normalverteilung der Noten zu erreichen; andere halten sich an Normen wie: Wer die Hälfte der erreichten Punkte schafft, erhält die Note ... (3 oder 4?).
- Die Schulaufgabe im 7. Schülerjahrgang einer Hauptschule bestand aus einer einzigen Frage: „Schreibe alle Staaten Afrikas auf und nenne die jeweilige Hauptstadt."
- Immerhin etwas für die Presse: Bei der Zeugniserstellung weigerte sich der evangelische Religionslehrer, seinen Schülern in seinem Fach andere Noten als die Eins zu geben.

2.3.2 Thesen

1) Während die Theorie zunehmend gegenüber den üblichen Verfahren der Leistungsmessung und -bewertung skeptisch wird (vgl. hierzu die ältere Arbeit von *Ingenkamp* 1972), spielen diese Verfahren im Unterrichtsalltag nach wie vor eine dominierende Rolle, da der Unterricht – zumindest indirekt – im Bewußtsein von Lehrern und Schülern auf die laufenden Prüfungssituationen ausgerichtet wird. Dies hängt mit dem stark selektiven Charakter des bundesrepublikanischen Schulwesens zusammen.

2) Grundsätzlich sind zwei Phasen der Leistungsmessung zu unterscheiden: Zunächst wird eine Feststellung über den gegenwärtigen, mit Hilfe des Unterrichts erreichten Kenntnis- oder Verständnisstandes gemacht; diese quasi diagnostische Aussage kann in der zweiten Phase für zwei gegensätzliche Zwecke eingesetzt werden (vgl. *Kutscher,* 1977, *Kunert,* 1976): (a) Die Diagnose könnte für eine gezielte zusätzliche Unterweisung verwendet werden, so daß noch weitere Schüler(gruppen) die ursprünglichen Lernziele erreichen (Fördergesichtspunkt); (b) die Diagnose wird über Punkteverteilung und Notenvergabe für die Zwecke einer Sanktion verwertet: die Note dient mittel- und langfristig einer Auswahl von Schülern (Versetzen, Abschluß, Übertritt u. ä. – Auslesegesichtspunkt). – Bemerkenswert ist für unseren Zusammenhang, daß die weitergehenden Absichten der zweiten Phase (Förderung oder Auslese) die Form und Gestaltung der ersten (diagnostischen) beeinflussen; d. h., der Lehrer wählt Aufgaben danach aus, legt Zeiten oder Grenzwerte fest oder vernachlässigt einige Aspekte.

3) Bisher habe ich eine wesentliche Funktion der Leistungsfeststellung unterschlagen, die dem gutwilligen Lehrer stets gegenwärtig ist: die Lernkontrolle enthält immer eine Aussage über den Wert des vergangenen Unterrichts (Rückkopplungsgesichtspunkt).

4) Auch wenn dies zunächst sehr abstrakt klingt: Die Frage der Leistungsfeststellung hängt sehr stark mit der Frage zusammen, wie Lehrer in ihrem eigenen Leben und in ihrer beruflichen Praxis mit Leistungsstandards und -normen fertig werden. Lehrer neigen dazu, die über Sanktionen zementierten Leistungsstandards zu verinnerlichen, sich mit ihnen zu identifizieren und sie als Anforderung an die Schüler weiterzugeben. Das Fachlehrersystem unterstützt das subjektive Für-wichtig-Halten von Leistungen, das von den Schülern aber – im Gegensatz zum spezialisierten Lehrer – in allen Fächern verlangt wird.

5) Lehrer müssen die Freiräume in der Leistungsfeststellung gegen die angebliche Fixierung und Eindeutigkeit des Verfahrens als Chance nutzen: In der Diagnose kann eine reine Reproduktionsleistung – ähnlich der vierten Szene – verlangt werden, die Schüler können also mit der Gedächtniswiedergabe von Lerninhalten überfrachtet werden (wie dies auch in akademischen Prüfungen oder in TV-Quizveranstaltungen üblich ist) – oder sie können zur Verwertung ihrer Kenntnisse und Erkenntnisse in problemorientierten Prüfungssituationen angeregt werden; zur Vermeidung von möglichen Überforderungen könnte eventuell an die Staffelung dieser Anwendungsaufgaben gedacht werden (*Kunert,* 1976). Im zweiten Fall gewinnen alle Unterlagen und Hilfsmittel eine andere Rolle: es wäre dringend erwünscht, daß der Schüler sie einsetzt, da er den Umgang mit ihnen beweisen soll.

6) Freiräume gelten auch bei der zweiten Phase der Notenvergabe. Dies betrifft zunächst die Gewichtung einzelner Aufgaben (die meisten Lehrer arbeiten hier mit einem Punktsystem); in Grenzfällen wird auch die Entscheidung gegen die Wertung einer Aufgabe möglich sein (etwa wenn alle Schüler sie nicht bewältigen konnten). Vor allem sehe ich den Freiraum der Festsetzung von Höchst- und Niedrigstwerten für die Benotungsskala. Diese Grenzziehung sollte in Absprache mit den Schülern erfolgen.

7) Gegen den Optimismus, daß die Lehrer ihren Spielraum ohne weiteres stärker im Sinne ihrer Schüler verwerten, gibt es gewichtige Argumente: So akzeptieren sehr viele Lehrer das gesamte Verfahren der Leistungsmessung und Notenvergabe als Mittel der Disziplinierung und Kontrolle. Weiterhin stehen sie in ihrem Verhalten unter dem Erwartungsdruck der Dienstvorgesetzten; Abweichungen in dem Sinn, daß Noten (wie in der fünften Szene) verzerrt verteilt werden, sind nur bis zu einem gewissen Grad des Nichtbekannt-Werdens möglich. Es bedarf einiger intensiver Phasen der Selbstreflexion, wenn der Lehrer gegen diesen Erwartungsdruck seine Erwartungen an die Schüler korrigieren will.

2.3.3 Hilfen

- Kündigen Sie die Klassenarbeit auf alle Fälle an und vermeiden Sie alle Verhaltensweisen, die die Angst vor der Prüfung steigern (Drohgebärden, dunkle Andeutungen, Hinweise auf Sanktionen usw.).
- Geben Sie die Lernziele für die gesamte Unterrichtseinheit – möglichst schriftlich – bekannt und weisen Sie darauf hin, welche Ziele für die Schlußüberprüfung besonders wichtig sind.
- Führen Sie die Lernkontrolle zweigeteilt durch: Über welche Wissenselemente müssen die Schüler verfügen? In welchen Anwendungssituationen sollen sie diese Elemente verwerten? Geben sie die Gewichtung dieser beiden Teile (bzw. der einzelnen Aufgaben) vorher – spätestens bei der Aufgabenstellung – bekannt.
- Geben Sie Hilfen, wie sich die Schüler auf die Klassenarbeit vorbereiten sollen. Interviewen Sie hierzu Schüler über ihre Form der Vorbereitung.
- Lassen Sie (wenigstens bei den Anwendungsaufgaben) möglichst viele Hilfsmittel zu.
- Korrigieren Sie die Arbeit unmittelbar nach der Fertigstellung mit der ganzen Klasse (Besprechung bzw. vorläufige Bewertung durch einen Mitschüler). Verlangen Sie erste Äußerungen über den Schwierigkeitsgrad der Aufgaben.
- Legen Sie mit der Klasse den Höchst- und den Niedrigstwert für die Benotung fest.
- Führen Sie ein eigenes Unterrichtsprojekt „Benotung" durch.
- Planen Sie eigene Unterrichtsphasen oder -einheiten über Techniken der Lernkontrolle (Wie steigt man in die Prüfung ein? Was mache ich bei Blockaden? Wie teile ich die Zeit ein? usw.).

2.4 Die Hausarbeit

2.4.1 Ausgangsszenen

- In der Familie herrscht einiger Aufruhr: Die Mutter des Erstkläßlers beklagt sich, daß er Rechenaufgaben zu erledigen habe, die er eigentlich noch nicht leisten könne. Auf mein hartnäckiges Befragen meint ihr Sohn, daß er solche Aufgaben „eigentlich" schon rechnen könne; er hat aber die Erläuterung der Lehrerin nicht verstanden.
- Die nachmittägliche Betreuungsarbeit für den 15jährigen Sonderschüler in einer Obdachlosensiedlung ist „für die Katz'": Er müßte als Hausaufgabe recht anspruchsvolle Rechenoperationen – Bruch-, Prozent-, Zinsrechnungen – praktizieren, hat aber nie den Zehnerübergang gelernt; immer wieder ertappe ich ihn, wie er mit den Fingern nachhelfen muß, wenn er etwa „7 + 5" rechnen soll.
- Auf dem Arbeitsblatt, mit dem die Grundschulklasse normalerweise eine Woche lang einen Rechtschreibfall übt, befand sich neben einem zusammenhängenden Text, der am Schluß als Diktat geschrieben wurde, auch eine An-

regung: „Wenn du meinst, daß du noch üben mußt, dann schreibe den Text zu Hause einmal ab.“ Kommentar eines Schülers: „Das ist gar nicht interessant. Wenn das meine Mutter liest, muß ich den Text auf alle Fälle abschreiben.“

2.4.2 Thesen

1) Über die Wirksamkeit von Hausaufgaben liegen z. T. widersprüchliche, im ganzen aber eher negative Befunde vor (*Kamm/Müller,* 1979, S. 13 ff.): Weder bei den Rechen-, noch bei den Rechtschreibleistungen konnte in dritten und siebten Klassen die Wirksamkeit nachgewiesen werden; für das Lesen im 2. Schülerjahrgang ergaben sich ebenfalls keine signifikanten Unterschiede. – Generell sind Eltern vom Wert der Hausaufgaben eher überzeugt, wobei Eltern von Hauptschülern etwas skeptischer sind. Schüler aus Arbeiter- und Bauernfamilien werden bei der Erledigung der Hausaufgaben weniger durch die Eltern unterstützt. – Lehrer stehen Hausaufgaben positiv gegenüber und widmen ihrer Kontrolle auch relativ viel Zeit; es überwiegt die arbeitsgleiche Aufgabenstellung; häufig werden einfache Reproduktionen (Wiederholung des Gelernten) verlangt. – Innerhalb einer Klasse variiert die zeitliche Beanspruchung durch die Hausaufgaben; sie nimmt am Ende der Grundschule und an den weiterführenden Schulen Realschule und Gymnasium stark zu (etwa 40 Prozent aller Schüler arbeiten mehr als zwei Stunden an den Hausaufgaben). Zwischen 30 und 60 Prozent aller Schüler befürworten weniger und keine Hausaufgabe. Fachspezifische Variationen herrschen bei der Frage nach der Beliebtheit vor. – Eltern und Lehrer setzen Strafen zum Fertigstellen der Hausaufgabe ein: Strafarbeiten, Nachsitzen, schlechte Noten, Nachholen der Arbeiten, Hausarrest, Fernsehverbot, körperliche Züchtigungen. – Schüler kritisieren Menge und Schwierigkeit der Hausaufgaben und stehen ihnen ablehnend gegenüber; vor allem ältere Schüler wünschen öfter kooperative Formen der Erledigung.
2) Fürr manche Lehrer stellt sich das Hausaufgabenproblem vielleicht in der Form, wie *Kamm/Müller* es resümieren: „Wir sind mit vielen Kritikern der Meinung, daß die Beibehaltung der gegenwärtigen Hausaufgabenpraxis nicht zu rechtfertigen ist. Schafft man Hausaufgaben jedoch ab, dann bleiben die Probleme schulischen Lernens weiterhin unverändert. Es könnte aber sein, daß mit einem generellen Verzicht auf Hausaufgaben Lernmöglichkeiten verloren gehen, die in der bisherigen Hausaufgabendiskussion weithin unbeachtet geblieben sind“ (1979, S. 60).
3) Hausaufgaben bieten die Möglichkeit, den Unterrichtsinhalt an die „außerschulische Lebenswirklichkeit“ der Schüler anzubinden und „seine originale Stellung und Bedeutung im Leben erfahrbar“ zu machen (S. 77). Die subjektive Verarbeitung des Schülers wird somit – mit allen Schwächen und Verzerrungen – als wichtiger Teil des Lernvorganges begriffen.

4) Neue Wege sind bei der Differenzierung von Hausaufgabenleistungen zu beschreiten; wesentlich öfter sollten offene Aufgaben gestellt werden, die „Raum für eine individuelle Gestaltung" bieten (S. 100). Anforderung und Voraussetzung bei den Schülern sind nach verschiedenen Kriterien aufeinander abzustimmen: „Lerntempo, sachstruktureller Entwicklungsstand, Lernmuster und Lerninteressen." Die freie Wahl von Arbeitsaufgaben soll ausdrücklich eingeräumt werden.
5) Sowohl die Fremdkontrolle durch den Lehrer und die Mitschüler als auch die zunehmende Eigenkontrolle sind wichtiger Bestandteil des sinnvollen Hausaufgabeneinsatzes; der Schüler braucht Rückmeldungen und Verstärkungen.
6) Hausaufgaben haben bestimmte didaktische Funktionen und übernehmen im Lernprozeß unterschiedliche Phasen; *Kamm/Müller* (1979, S. 132 ff.) systematisieren dies nach den Lernstufen von *H. Roth* folgendermaßen:
– „Interesseweckung und Entdeckung von Lernwiderständen"
– „Lösung von Problemen"
– „Übung und Automatisierung von Gelerntem"
– „Anwendung und Übertragung von Gelerntem"
– „Hausaufgaben, die sich über mehrere Phasen des Lernprozesses erstrecken".
7) Auf einige Mißverständnisse geht *Bollnow* im Zusammenhang mit der Erörterung der „Übung" ein (1978): „Ein Wissen kann man lehren und eine Einsicht zu erwecken versuchen. In beiden Fällen ist das Üben weder möglich noch notwendig. Das Üben ist vielmehr dort erforderlich, wo es sich um ein spezifisches Können handelt, das der Mensch erwerben soll" (S. 27). Verstand man früher alle Wissenschaften als Künste, für deren Anwendung praktische Fertigkeiten – des Rechnens, Musizierens oder des Argumentierens – „geübt" werden mußten, so werden heute die (Natur-)Wissenschaften nicht mehr über Übungen, sondern durch die Technik in Praxis umgesetzt. Die für die Existenz des Menschen wichtigen Übungen geraten so auch an den Rand der Schule. Statt den Schülern an ungeeigneten Lerninhalten wissenschaftlicher Prägung Übungen aufzuzwingen, sollten dort alle Formen des Übens – innerhalb der alten und mit Hilfe neuer Fächer – betont werden, wo die Praxis einer Kunst – im weitesten Sinn – möglich ist" (S. 110 f.).

2.4.3 Hilfen

- Stellen Sie Ihren Schülern 3 bis 4 gleichwertige Hausaufgaben zur Auswahl.
- Erläutern Sie die im Anforderungsniveau gestaffelten Hausaufgaben und lassen Sie dem Schüler die freie Wahl des Niveaus.
- Stellen Sie sicher, daß jeder Schüler eine Rückmeldung über die Brauchbarkeit seiner Hausaufgabe erhält (Aushang an der Nebentafel, Partnerkorrektur, Klassen- oder Gruppenbesprechung usw.).
- Fördern Sie alle Formen des Übens – sprachlicher, musischer, körperlicher Art – mit Hilfe von Hausaufgaben. Geben Sie den Schülern Möglichkeiten, die erworbenen Fähigkeiten in der Schule zu demonstrieren.

- Ermuntern Sie die Schüler zu kooperativen Hausaufgabenformen; werten Sie Partner- oder Gruppenarbeiten für jeden Schüler.
- Lassen Sie von Schülern und/oder Eltern die Grenze der Belastbarkeit durch die Hausaufgabe festlegen. Eventuell sollen die Eltern an der betreffenden Stelle des Heftes festhalten, daß sie mit dem Abbruch einverstanden sind.
- Unterscheiden Sie bei der Hausaufgabe Pflicht- und Wahlaufgaben.
- Unterstützen Sie alle Formen von Hausaufgaben, die der Verknüpfung von Lerninhalt und Lebenswelt der Schüler dienen (Tonband- bzw. Recorderaufnahmen, Fotografien, Tagebücher, Berichte, Mitbringen von Gegenständen, Schülertische u. ä.).
- Integrieren Sie die Eltern durch Informationen, über Sprechtage oder als pädagogische Helfer.
- Sehen Sie an Ihrer Schule die Chance für eine (Von den Lehrern? Von Eltern? Von einem Wohlfahrtsverband?) getragene Hausaufgabeninitiative, die Kindern am Nachmittag die Erledigung der Hausaufgaben erleichtern kann?
- Erzählen Sie Ihren Schülern, wie sie selbst als Schüler mit Hausaufgaben fertig wurden, welche Probleme Sie hatten und welche Erfahrungen Sie dabei machten.

2.5 Literatur

Bollnow, O. F.: Vom Geist des Übens. Freiburg/Breisgau: Herder 1978.

Dohmen, G.: Das Fernstudium – Ein neues pädagogisches Forschungs- und Entwicklungsfeld. Heidelberg: Quelle & Meyer 1967.

Flügge, J.: Vergesellschaftung der Schüler. Bad Heilbrunn: Klinkhardt 1979.

Garlichs, A./Groddeck, N. (Hrsg.): Erfahrungsoffener Unterricht. Freiburg/Breisgau: Herder 1978 (a).

Garlichs, A./Groddeck, N.: Plädoyer für ein erfahrungsoffenes Lernen in der Schule. In: *Garlichs/Groddeck*, 1978 a, S. 10 – 21 (b).

Glogauer, W. (Hrsg.): Neue Konzeptionen für individualisierendes Lehren und Lernen. Bad Heilbrunn: Klinkhardt 1976.

Hopf, W.: Winkel. Ein offenes Lernprogramm. Paderborn: Schöningh 1978.

Huber, G. L./Keil, K.-A.: Lehrprogramme für Volksschulen und Gymnasien. In: Schulreport-Beilage. München o. J.

Ingenkamp, K. (Hrsg.): Die Fragwürdigkeit der Zensurengebung. Weinheim: Beltz 1972.

Kamm, H./Müller, E. H.: Hausaufgaben – sinnvoll gestellt. Freiburg/Breisgau: Herder 1979.

Kunert, K.: Einführung in die curriculare Unterrichtsplanung. München: Kösel 1976.

Kunert, K.: Lernorganisation. München: Kösel 1977.

Kunert, K.: Theorie und Praxis des offenen Unterrichts. München: Kösel 1978.

Kunert, K. (Hrsg.): Beispiele zum offenen Unterricht. München: Kösel 1979.

Kutscher, J. (Hrsg.): Beurteilen oder verurteilen. München: Urban & Schwarzenberg 1977.

Lindvall, C. M./Bolvin, J.: Der individuell verschriebene Unterricht. In: *Glogauer*, 1976, S. 79 – 96.

Mandl, H./Huber, G. L. (Hrsg.): Kognitive Komplexität. Göttingen: Hogrefe 1978.

Nicklis, W. S./Wehrmeyer, H.: Erziehungswissenschaftliche Forschungsmethoden. Bad Heilbrunn: Klinkhardt 1976.

Schnotz, W., u.a.: Kognitive Prozesse beim Zusammenfassen von Lehrtexten. Forschungsbericht 8 – Deutsches Institut für Fernstudien an der Universität Tübingen. Tübingen 1979.

Schiefele, H./Huber, G. L.: Programmierte Unterweisung – programmiert. München: Ehrenwirth 1969.

Tergan, S. O.: Ist „Textverständlichkeit" gleich „Textverständlichkeit"? Forschungsbericht 7 – Deutsches Institut für Fernstudien an der Universität Tübingen. Tübingen 1980.

Warwick, D./Winkel, R. (Hrsg.): Alternativen zur Curriculumreform oder Fünf englische Schulen berichten. Heidelberg: Quelle & Meyer 1975.

Winkel, R.: Zur Theorie und Praxis der Unterrichtsmethoden. In: Die Deutsche Schule, 70 (11/1978), S. 669 – 683.

Winkel, R.: Die siebzehn Unterrichtsmethoden. In: WPB, 33 (1/1981), S. 18 – 22.

Ernst Meyer, Dr. phil., Jg. 1920,
Professor für Schulpädagogik, Heidelberg

Anschrift:
Schlittweg 34
D-6905 Schriesheim
Tel. (0 62 03) 6 27 17

Wichtige Publikationen

Gruppenunterricht – Grundlegung und Beispiel. Oberursel: Finken-Impulse-Verlag ^{8}1983.
Unterrichtsvorbereitung in Beispielen. Bochum: Kamp ^{16}1973.
Schulpraktikum. Bochum: Kamp ^{4}1973.
Hrsg.: Fernsehen in der Lehrerbildung. München: Manz 1966.
Praxis des Exemplarischen. Stuttgart: Klett 1963.
Unterrichtsthema Angst. Oberursel: Finken 1979.
Trainingshilfen zum Gruppenunterricht. Oberursel: Neuer Finken Verlag 1981.
Hrsg.: Kinder und Jugendliche in seelischer Not. Braunschweig: Agentur Pedersen 1982.
„Frontalunterricht". Frankfurt: Scriptor-Verlag 1984.
Hrsg.: Burnout und Streß – Praxishilfen zur Bewältigung. Baltmannsweiler: Schneider Verlag Hohengehren 1991.
Hrsg. (zus. mit R. Winkel): Unser Ziel: Humane Schule. Baltmannsweiler: Schneider Verlag Hohengehren 1991.

3 Methoden der dreipoligen Interaktion

Der Partnerunterricht (5), der Kleingruppenunterricht (6) und der Großgruppenunterricht (7)

Ernst Meyer

3.1 Vorbemerkungen

3.1.1 Didaktischer Standort

Unterricht darf nicht verwechselt werden mit Nur-Informationsweitergabe und der Kontrolle von Informationsaufnahme und -verarbeitung. Im Unterricht geht es vor allem um die *Auseinandersetzung* mit Informationen (Unterrichtsinhalten), so daß man Unterricht im weitesten Sinne beschreiben kann als eine Abfolge von kommunikativen Lernsituationen, in denen Lernende an vorgegebenen oder gewählten Inhalten (vI oder gI) unter vorgegebenen oder gewählten Zielen (vZ oder gZ) *Erfahrungen und Einsichten zum Ausdruck bringen, diese Erfahrungen und Einsichten kritisch prüfen und beurteilen,* damit sie in dieser Auseinandersetzung neue Erfahrungen und Einsichten gewinnen [1].

Nehmen wir an, mit dieser Kurzbeschreibung wären wesentliche Prozesse jeden Unterrichts grob erfaßt, dann bleibt doch noch die Frage nach dem genaueren *Wie* dieser Lernvorgänge. Vereinfacht ließe sich natürlich in der Konsequenz der beschriebenen Unterrichtsauffassung sagen, daß es nur *eine* Methode des *Lehrers* geben kann: den Lernenden zu helfen, selbst Lernwege, Methoden zu finden, wie sie zum Beispiel im Falle vI und vZ oder im Falle gI und gZ oder im Falle gI und vZ usw. am besten ihre Erfahrungen und Einsichten zum Ausdruck bringen, sie am besten prüfen und beurteilen können.

Am einfachen Beispiel eines Starts in eine Unterrichtseinheit oder ein Projekt (vI = X, vZ = Entwicklung von Lernideen und Aufgaben zum Thema X) zeigt sich allerdings deutlich, daß es *anfangs* ohne Vermittlungshilfen, ohne konkrete Vorschläge durch den Erfahrenen kaum geht. Der Lehrer kommt um *Methodenvorschläge* nicht herum. Wichtig dabei ist, daß er seine Vorschläge begründet, so daß die Schüler *später* nicht nur ein Repertoire an Möglichkeiten vor Augen haben, sondern auch bei ihrer eigenen Methodenwahl begründet entscheiden können. Der Lehrer wird also – um am Beispiel zu bleiben – vorschlagen, wie er glaubt, daß die Schüler am besten Lernideen und Aufgaben zum Thema X entwickeln können: Ideen könnten zum Beispiel von jedem einzelnen auf einem Blatt notiert werden (in Worten und/ oder in Bildern). Für dieses zunächst auf den einzelnen zugeschnittene „Brainstorming" wäre der freie Gedankenfluß entscheidend: je mehr Einfälle geäußert würden, desto größer wäre die Wahrscheinlichkeit, brauchbare zu finden. Nach dieser Einzelarbeit – das wäre der weitere Vorschlag – könnte das Aufnehmen und Fortentwickeln der Ideen des anderen (des Partners) durch ein Gespräch in der Zweiergruppe stark gefördert werden (*Partnerarbeit*). In der *Kleingruppe* (Dreier-/Vierer-/Fünfergruppe) könnten danach die Ideen noch weiter verbessert und ergänzt werden, vor allem könnte gemeinsam darüber entschieden werden, welche der Ideen die Gruppenmitglieder für diejenigen halten, über die man sich in der Gruppe auseinandersetzen möchte. Von erheblichem Vorteil wäre, das Ergebnis dieser Prioritätenfindung an der Gruppentafel zu veröffentlichen (durch Notieren der ausgewählten Ideen und Unterstreichen der wichtigsten Idee), um es somit besser in der Großgruppe präsentieren und begründen zu können. Nur im Gespräch in der *Großgruppe* könnte schließlich entschieden werden, ob die einzelnen Gruppenvorschläge realisierbar sind, welches Interesse allgemein dafür besteht und welche weiteren Planungsschritte zur Realisierung erforderlich sind.

3.1.2 Warum Methoden dreipoliger Interaktion?

In dem etwas abstrakt konstruierten Beispiel, das sich aber ohne weiteres verwirklichen läßt, wenn man für X ein ganz bestimmtes Unterrichtsthema einsetzt, zielen die Vorschläge sehr betont auf Methoden dreipoliger Interaktion. Die Interaktionspole sind bei der Partner-, Kleingruppen- und Großgruppenarbeit Schüler – Mitschüler – Gegenstand. Gegenstand der Interaktion für die Schüler bzw. Mitschüler können vI, gI, vZ, gZ und die Beziehungen in den Gruppen, in der Klasse sein. Wichtig scheint, daß *jeder* die Fähigkeit zur wechselseitigen Mitteilung, zur Interaktion gewinnt, daß *jeder* mit dazu beiträgt, Interaktionsschwierigkeiten zu mindern. Warum das so wichtig ist, können Schüler in einem bestimmten Alter durchaus selbst herausfinden.

Beispiel: Fünfzehnjährige Schüler untersuchen Gruppenlernmethoden

In einer 9. Klasse untersuchten Kleingruppen im thematisch differenzierten Verfahren (jede Kleingruppe wählte einen anderen Gegenstand) Gruppensituationen auf Baustellen, in Produktionsbetrieben, in Kaufhäusern, Sozialstationen, Krankenhäusern, bei der Funk-, Film-, Theater-, Musikproduktion, in der Dichtung.

Das Unterrichtsprojekt hatte sich an dem Problem entwickelt, ob Schule überhaupt notwendig sei, ob nicht einfach jeder – ohne Interaktion mit anderen – aus computergespeicherten Programmen für sich lernen und seine Leistung kontrollieren könne. Dahinter stand also die Frage nach der Notwendigkeit wechselseitiger Mitteilungen in verbaler und nonverbaler Art, insbesondere der Methoden dreipoliger Interaktion. Schüler und Lehrer hatten sich – nach der Konfrontierung mit dem Problem – einige Filme angesehen, um sich erste, z. T. provokative Teilinformationen zu verschaffen: „Kommunikation und Interaktion“ (FWU 32 2502), ein Film, in dem anhand von Dokumenten nachgewiesen wird, wie gesprochene Sprache zum Medium der Selbstdarstellung und Erlebnisverarbeitung wird, wie sie zur

Umwelterfahrung beiträgt und notwendige soziale Kompetenz vermittelt; „Der Wolfsjunge" (FWU 32 5515), ein Spielfilm, in dem ein verwilderter Junge, der nicht sprechen kann und sich wie ein Tier bewegt und ernährt, sich dann doch in der Interaktion mit anderen Menschen geistig entwickelt; „Robert" (FWU 32 2424), ein filmisches Dokument über ein Kind, das nicht sprechen wollte.

Es soll hier nicht im einzelnen dargestellt werden, wie die Lerngruppen sich weitere Informationen zu den einzelnen Untersuchungsbereichen verschafften, Interviews ausarbeiteten, durchführten und auswerteten, Fotos, Diaserien und Filme produzierten, Comics-Serien herstellten usw., um zu dem Ausgangsproblem Stellung beziehen zu können. Es sei nur beispielhaft ein aufschlußreiches Ergebnis einer Gruppe angeführt, das deutlich machen kann, daß Kinder den Zugang zu dieser Fragestellung in einer ihnen angemessenen Weise finden können.

Die Kleingruppe „Dichtung" hatte sich – vermutlich durch den Film „Der Wolfsjunge" angeregt – mit *Kiplings* „Dschungelbuch" und *Walt Disney*s Film „Das Dschungelbuch" beschäftigt. Was die Kleingruppe herausfand, war in unserem Zusammenhang sehr beachtlich und lieferte – für die Kinder besonders einsichtig – Begründungen für die interaktiven Methoden. An einzelnen charakteristischen Situationen, die die Kleingruppe in Comicszenen präsentierte, wurde am Beispiel der sich ständig in verbaler und nonverbaler Interaktion befindlichen Gestalten der Dschungelwelt belegt, daß Leben bzw. Überleben und Lernen ohne wechselseitige Signale nicht möglich ist, ja, daß Schule und Erziehung sein müssen, um Leben zu lernen. Im einzelnen entdeckten sie in der von ihnen untersuchten Dichtung die sozialen Grundeinheiten: die Kleingruppe der Wölfe, die das kleine Menschenkind Mogli aufnimmt (mit dem Problem: der Neue, der Fremde in der Gruppe); die Großgruppe der Tiere einer Dschungelregion, die unter Leitung eines großen Einsiedelwolfs als Ratsversammlung plant und Entscheidungen trifft; die Zweiergruppe, z. B. mit Kaa, der Pythonschlange, und dem Menschenkind Mogli, die ihre Strategien gegen die Affen und Rothunde entwickeln und sich in der partnerschaftlichen Interaktion selbst wahrnehmen lernen. Die Schüler zeigten beim Bär Balu auf, welche Rolle „Schule" spielt: wie den Jungen das Dschungelgesetz vermittelt werden muß, wie sie lernen müssen, aufeinander zu hören, bestimmte Signale zu deuten, bestimmte Signale zu senden, daß sie durch Erfahrung lernen können, ganz bestimmte Verhaltensmuster sich anzueignen, um Aggressionen in der Gruppe abzubauen, den sozialen Prozeß in der Gruppe zu organisieren, Frieden und Zusammenhalt aufrechtzuerhalten. In der Analyse einer Reihe typischer Gruppenprozesse fanden die Schüler heraus – und sie belegten es an zutreffenden Beispielen –, daß Probleme und Schwierigkeiten nur dann entstanden, wenn es an Interaktion mangelte bzw. wenn die Beteiligten unfähig waren, zu interagieren. Dem Analyseresultat der Schülergruppe, das sich mit den Grunderkenntnissen der modernen Kommunikationsforschung weitgehend in Dekkung bringen läßt, könnten – von seiten des Lehrers – noch zwei Beobachtungen nachgetragen werden (die bei einem möglichen Transfer auf Unterricht sehr wichtig erscheinen):

1) Erfolgreiche Interaktion wirkt angstreduzierend,
2) Interaktionen sind besonders erfolgreich, wenn jeder den anderen als anderen akzeptiert.

3.1.3 Partner-, Kleingruppen- und Großgruppenarbeit zur gezielten Steigerung der Interaktionsfähigkeit

Im folgenden soll exemplarisch gezeigt werden, wie Methoden der dreipoligen Interaktion realisiert werden und wie Partner-, Kleingruppen- und Großgruppenarbeiten der Steigerung der Interaktionsfähigkeit dienen. Bei der Darstellung der Beispiele soll – als Hilfe für Lehrer und Schüler – auf die jeweiligen Intentionen, auf die Struktur des unterrichtlichen Arrangements und auf besondere Probleme aufmerksam gemacht werden. Es soll vor allem erkannt werden, daß es nicht unwichtig ist, die Geeignetheit der Lerninstruktion im Blick auf die zu verwendende Methode *vor* einer Methodenempfehlung gut zu durchdenken. Erfahrungsgemäß wäre es zum Beispiel ein Unding, mit jeder x-beliebigen Lerninstruktion Kleingruppenprozesse auslösen zu wollen.

Wenn wir im einzelnen entscheiden wollen, ob eine Lerninstruktion, d. h. eine Aufgaben- und Problemstellung geeignet ist, einer Zweiergruppe, einer Kleingruppe oder der ganzen Klasse (als Großgruppe) zugewiesen zu werden, wäre sicher zunächst jene unbefangene Betrachtungsweise nützlich, mit der wir außerhalb der Schule solche Prozesse beobachten und beurteilen. Dort erscheint es uns selbstverständlich, daß manche Arbeiten am besten von einem allein, andere von zweien, andere zu dritt oder zu viert, andere von einer größeren Gruppe ausgeführt werden. Die Methodenentscheidung stellt – so gesehen – nicht so große Anforderungen an Lehrer und Schüler, wie oft behauptet wird, sie erfordert keine meisterlichen Regieleistungen oder eine streßgeladene Managertätigkeit – sie erfordert nichts anderes als den Blick für Situationen, die ein Miteinander-Lernen zulassen. Mit Partner-, Kleingruppen- und Großgruppenarbeiten sollten wir also zunächst dort ansetzen, wo sie uns wie selbstverständlich vorkommen.

3.2 Der Partnerunterricht

Die Arbeit zu zweien kommt uns ganz selbstverständlich vor, wenn einer dem anderen helfen kann, wenn einer der beiden Hilfe braucht. Wir finden sie aber auch bei vielen kreativen Betätigungen (Spiel, Sport), die zu einer verstärkten Sensibilisierung der Selbst- und Partnerwahrnehmung führen.

Beispiel 1: Hilfe beim Training

Allein Rechtschreiben trainieren ist reizlos. Reizvoller ist es zu zweit. Klar ist dabei jedem: es gibt welche, die mehr Schwächen auf diesem Gebiet haben als andere. Die Einsicht, auf einem bestimmten Gebiet schwächer zu sein, muß nicht entmutigen, wenn man weiß, daß es Methoden gibt, die überraschend gut helfen. Die Partnerarbeit muß allerdings so geregelt werden, daß der Rechtschreibschwächere ohne Druck in der Lage ist, seine Leistung selbst zu prüfen. Er muß seine Lernfortschritte selbst feststellen können. Deshalb ist beim Partnerdiktat immer entscheidend, daß a der Schwächere zuerst mit dem Diktieren beginnt, um sich die Wortbilder einprägen zu können; b der jeweils Diktierende entstehende Fehler zu verhindern sucht; c beide über noch bestehende Schwierigkeiten sprechen und in einer Wiederholung noch bestehende Defizite auszugleichen versuchen. Obwohl dieses Rechtschreibtraining zu den klassischen Partnerarbeiten gehört, werden diese entscheidenden Punkte in der Praxis selten beachtet. Die Methode stellt sich im einzelnen wie folgt dar: An einem kurzen Text (= vI oder gI) soll Rechtschreiben trainiert werden (= vZ oder gZ). Die Textvorlage erhalten je zwei Schüler. Der Schwächere beginnt mit dem Diktieren (evtl. Vereinbarung: im Flüsterton, um eine bessere Artikulation zu fördern). Die Entscheidung, wer momentan mehr Schwächen in der Rechtschreibung besitzt, trifft die Zweiergruppe selbst. Ist der Schreibende im Begriff, einen Fehler zu machen, gibt der Diktierende ein Signal (evtl. Vereinbarung: er sagt „stop“, oder er legt die Hand auf den Arm des Schreibenden). Sollte der Schreibende den Fehler nicht selbst erkennen, gibt der Diktierende einen Hinweis, gegebenenfalls teilt er die richtige Schreibung mit. Nach Beendigung des Diktats wechseln die Partner – nach einem kurzen Gespräch über den Ablauf – ihre Funktionen.

Diese Trainingsmethode läßt sich strukturell auf andere Fertigkeiten übertragen: Die Schüler *lesen* z. B. einen Text so lange für sich, bis sie meinen, ihn einwandfrei vorlesen zu können. Sie lesen danach ihrem Partner den Text vor, der auf Lesefehler aufmerksam macht. Oder: jeder versucht für sich, den Text mit eigenen Worten zu *erzählen*. Er gibt dann den Text seinem Partner wieder, der Korrekturvorschläge unterbreitet.

Oder: die Partner erzählen sich gegenseitig Erlebnisse. Sie entscheiden, welches Erlebnis der ganzen Klasse vorgetragen werden soll. Oder: an der Tafel stehen Begriffe (Stichwörter), die sich in einem Großgruppengespräch ergeben haben. Die Schüler sollen aufschreiben, was sie von diesen Begriffen wissen. Die Fertigkeit zu *formulieren* gehört zu jenen, deren Schwierigkeiten oft unterschätzt werden. Einem großen Teil der Schüler ist es oft nicht möglich, sie ohne Hilfe zu bewältigen. Sie sind sprachlich zu ungeübt, als daß sie ihr Wissen in befriedigender Form zum Ausdruck bringen können. In der Partnerarbeit kommen in der Regel aufgrund der wechselseitigen Korrektur bessere Ergebnisse zustande [2].

Beispiel 2: Sensibilisierung der Selbst- und Partnerwahrnehmung

Die Instruktion, aus einer Knetmasse Figuren herzustellen, könnte in Einzelarbeit ausgeführt werden. Verbindet man die Zielvorstellung, daß jeder einzelne mit Knet formen lernt, mit der Intention, Sensibilität für den anderen und für sich selbst gewinnen zu lassen, muß die Methodenorganisation anders aussehen. Die Schüler verbinden ihre Augen. Sie wählen – im Raum umhertastend – einen Partner und setzen sich mit ihm an einen Tisch, auf dem ein großer Block Knetmasse bereitliegt. Keiner darf sprechen. Die Zweiergruppen erhalten jetzt die Instruktion, mit dem unbekannten Partner

Foto: Vollmer

zusammenzuarbeiten und eine Figur aus der Knetmasse zu formen.
Eine Viertelstunde später nehmen die Partner ihre Binde ab und beurteilen ihre Produkte. Sie sollen dabei auch beschreiben, wie es zu der Entscheidung gekommen ist, zum Beispiel eine Katze zu modellieren, oder einen Elefanten, oder eine Vase, wie man sich fühlt, mit einem unbekannten Partner zu arbeiten, und wie man versuchte, herauszufinden, wer der Partner ist. Zu den Aktivitäten, die Verständnis für die individuellen, intellektuellen und/oder körperlichen Unterschiede des anderen gewinnen lassen, gehören alle spielerischen und sportlichen Betätigungen, die – meist nach „Spiel"regeln – nur von zwei Partnern ausgeführt werden können, wie z. B. Mühlespiel/Schachspiel, Tischtennis, Ringen/Judo, Paartanz, Zweier-Rollenspiele wie Spiegelspiele, Telefonspiele. Sensibilisierung der Selbst- und Partnerwahrnehmung, Förderung der Kooperationsbereitschaft, des sozialen Verhaltens und aller Kräfte des Spontanen und Kreativen werden weiterhin durch multimediale Spielformen (Spielformen mit Licht, Farbe, Klang) ermöglicht, die in Partner-, aber auch in Kleingruppenarbeit durchgeführt werden können [3].

3.3 Der Kleingruppenunterricht

Kleingruppenarbeiten im täglichen Leben ergeben sich zwangsläufig, wenn etwas aufgebaut, konstruiert, gestaltet oder wenn etwas auseinandergenommen, analysiert, untersucht werden soll. Strukturell ähnliche Arbeitstypen, d. h. also Konstruktions- und/oder Analyseaufgaben und -probleme bieten sich in jedem Unterrichtsfach genauso an.

Wir haben uns also zu fragen: Muß etwas aufgebaut, konstruiert, gestaltet werden? Eine Hörszene, ein Film, eine Comic-Serie, eine Dia-Reihe, ein Modell, ein Werkstück? Oder: Muß etwas auseinandergenommen, analysiert, untersucht werden? Ein Text mit einem Kontrasttext? Ein Bild mit einem Text usw.?

In all diesen Fällen ist der Kleingruppenunterricht eine geeignete Methode, da im Vergleich zum Einzelunterricht allein schon der mögliche Ideenaustausch zwischen drei, vier, fünf Gruppenmitgliedern zu einem „trächtigeren" Konstruktions- bzw. Analyseprodukt führen kann, wobei wir es freilich im Vergleich zu den „Fällen" im täglichen Leben nicht mit Profis, mit Spezialisten zu tun haben, die bereits notwendiges Wissen besitzen, um an die Aufgabe, an das Problem sofort herangehen zu können, und die fähig sind, geschickt zu kooperieren. Unsere Schüler benötigen *anfangs* – und das wird meist nicht genügend beachtet – nach der Konfrontierung mit der Aufgaben- und Problemstellung Lerninstruktionen mit Teilinformationen, Zielangaben und Hinweisen zur Organisation der Gruppenarbeit. *Später* können sie dann nach dem Methodenvorschlag des Lehrers Lerninstruktionen selbst entwickeln und auf Informationssuche gehen.

Beispiel 1: Konstruktion

Die Kinder einer 2. Klasse hören sich eine abenteuerliche Geschichte an (z. B. Lok 14/14 geht auf Urlaub, evtl. über Schallplatte Mercato 40298). Die Kleingruppen erhalten die Instruktion, die Geschichte zu „verfilmen". Sie erhalten dazu eine Tapete, die durch einen Papprahmen gezogen wird und mit Deckfarbe bemalt werden soll. Über die einzelnen Szenenfolgen, über das Verteilen der verschiedenen Arbeitsabschnitte müssen sie selbst entscheiden. Hinweise auf technische Details werden vom Lehrer gegeben, wenn Schwierigkeiten auftauchen.

Ähnliche Konstruktionsaufgaben: Gestalten von Hörszenen, von Scharaden, Puppenspielen; Anfertigen von Modellen aus verschiedenen Materialien; Herstellen von Reliefs, Mosaik, Spielpuppen; Bauen mit verschiedenen Techniken und Materialien; Konstruieren einer Klingel, einer Dezimalwaage; Produzieren einer Comic-Serie, Dia-Reihe, Fotomontage, eines Films usw. [4].

Beispiel 2: Analyse

Eine 6. Klasse untersucht im naturwissenschaftlichen Unterricht die Taschenlampe als Miniaturausgabe eines vollständigen Stromnetzes. Das Problem liegt vor allem darin, die Ursache für das Zustandekommen des elektrischen Stroms in der Batterie zu ergründen. Bei einem Gespräch in der Großgruppe wird nach der Problementwicklung die Bereitstellung des Untersuchungsgegenstandes und der Untersuchungsinstrumente abgeklärt. Jeder Schüler bringt mit: Bleistift, Notizheft, Schere oder Messer, ein Stück Pappe als Unterlage.

Jede Gruppe bringt mit: eine ausgebrannte und eine intakte Batterie, ein Glühlämpchen, zwei Heftklammern, zwei kurze Stückchen Leitungsdraht, ein Trinkglas, Salmiak oder Kochsalz. Der Lehrer stellt bereit: einen Voltmeter. Lerninstruktion vor Beginn der Kleingruppenarbeit (schriftlich):
1. Versucht, mit Messer oder Schere die Batterie von unten her aufzuschneiden und die einzelnen Innenteile (Elemente) freizulegen!
2. Zeichnet die geöffnete Batterie! Achtet dabei auf die Verbindung der einzelnen Elemente!
3. Schneidet die Elemente auf und legt die einzelnen Stoffe auf die Pappunterlage!
4. Bestimmt mit Hilfe des Physikbuches, um welche Stoffe es sich im einzelnen handelt!
5. Versucht zu klären, wie in der Batterie Strom entstehen kann! Macht hierzu folgende Versuche:
Schneidet von einem aufgeschnittenen Element einen Streifen Zink heraus und macht an ihm ein Stück Leitungsdraht fest (am besten mit Hilfe einer Heftklammer), das vorher an beiden Enden mit dem Messer oder der Schere blankgescheuert wurde. Auf die gleiche Weise müßt ihr mit dem Kohlestab verfahren! Zink und Kohle in das Trinkglas mit Wasser stellen. Mit Hilfe des Glühlämpchens ausprobieren, ob Strom fließt! Dem Wasser 4 bis 5 Teelöffel Kochsalz oder 1 bis 2 Teelöffel Salmiak zusetzen!
Erneut ausprobieren!
Haltet die Zunge an die Pole des hergestellten Elements! Haltet die Zunge an die Messingstreifen der guten Batterie! Haltet ein Glühlämpchen an die Leitungsdrähte des Elements (Gewinde an den einen Pol, Knöpfchen an den Fuß des Birnchens an dem anderen Pol)! Überprüft auf gleiche Weise die Batterie! Überprüft die Batterie mit dem Voltmeter! Laßt euch vom Lehrer zeigen, wie man damit die Spannung mißt!

Ähnliche Analyseaufgaben:
– Weitere Funktionsanalysen (z. B. Wie funktioniert der Kompaß?),
– chemische Analysen (z. B. Was ist Zucker? Salz?),
– biologische Beobachtungen (z. B. Wie kommt ein Igel ohne Nahrungsaufnahme über den Winter?)
– Fehler- und Vergleichsanalysen (z. B. Fehler am defekten Feueranzünder, Kassettenrecorder, Plattenspieler usw., an einem vorgelegten Text usw. sind zu entdecken – an verschiedenen Texten, Bildern und Texten, Model-

len und Bildern usw. sind Gründe für Andersartigkeit herauszufinden). Sehr häufig trifft man auf den *Mischtypus* (Konstruktion *und* Analyse, Analyse *und* Konstruktion).

Beispiel 3: Analyse und Konstruktion

In einer 10. Klasse arbeiten Kleingruppen im Rahmen einer Unterrichtseinheit „Massenmedien" nach folgender Lerninstruktion:
1. Stellt aufgrund von Protokollen der „Tagesschau" und von „Heute" am folgenden Tag eine Collage mit Zeitungsartikeln zusammen! Klebt dabei alle Artikel in der Reihenfolge, wie sie von „Tagesschau" und „Heute" gesendet wurden! Vergleicht unter folgenden Fragestellungen: Wurde den jeweiligen Informationen von Reihenfolge und Umfang her die gleiche Bedeutung beigemessen? Fielen wichtige Informationen heraus? Hatte der Inhalt der Nachricht eine veränderte, möglicherweise in der politischen Tendenz andere Bedeutung? Wurden in unterschiedlichen Zeitungen die Gewichte unterschiedlich gesetzt?
2. Führt mit Tonband oder Video Interviews unter folgender Fragestellung durch: Welche Nachrichtensendungen werden gesehen? Wie oft in der Woche, am Tag? In welchen Situationen werden die Sendungen angeschaut, in der Familie, bei Freunden, beim Abendessen u. ä.? Wird über die Sendung diskutiert? Werden zusätzlich die Fernsehnachrichten in der Zeitung verfolgt und verglichen?

Foto: Vollmer

3. Produziert mit Hilfe von Tonband und Dia (besser mit Video) eine eigene Nachrichtensendung aus dem Schulbereich! Beachtet dabei Auswahlgesichtspunkte und Vermittlungsformen!

Anmerkungen zur Entwicklung von Lerninstruktionen für Kleingruppen

Jede Kleingruppe hat ihr eigenes „Gesicht". Seine charakteristischen Züge sind bestimmt durch die Herkunft und Lebensgeschichte jedes einzelnen Kindes, durch Milieufaktoren mannigfacher Art, durch die unterschiedlich möglichen und unterschiedlich wirkenden außerschulischen Erziehungs- und Bildungsmächte, aber auch durch seine besondere Stellung in der Klasse, z. B. durch seinen Platz in der Rangordnung und die Höhe der Leistungen in bestimmten Gebieten. Hinzu kommen weitere Faktoren, die durch Beobachtung, Befragung und Tests festgestellt werden können. Sie hängen eng mit den bereits skizzierten zusammen: die individuelle Ausprägung der Intelligenz, der Kreativität, der Angst, der Extraversion, der Tendenz zur Veränderung. Die Frage, inwieweit durch Kleingruppenarbeit das jeweilige kognitive und affektive Potential eines einzelnen Lerners in einer solchen Klasse optimal gefördert, Lernfähigkeit und Lernbereitschaft des einzelnen gesteigert, unterschiedlich ausgeprägte psychische Funktionen verfeinert werden können, hängt entscheidend von der Adaption der Aufgaben- und Problemstellung an das differenzierte Anspruchsniveau einer Kleingruppe ab. Instruktionstypus, Inhaltsbereiche, Intention müßten ungefähr auf die jeweilige Gruppe abgestimmt sein.

Unerläßlich sind auch „Maßnahmen" im Rahmen der Aufgaben- und Problemstellung, die den Lernerfolg garantieren helfen. Kleingruppen arbeiten bekanntlich effektiver, wenn sich bestimmte Strukturvariablen besonders förderlich auswirken können. Hier seien nur zwei Variablen hervorgehoben, weil sie bereits durch Hinweise bei der Lerninstruktion bedacht werden können. Einmal geht es um den in der Gruppe angezielten *Fehlerausgleich.* In Aufgaben- und Problemlösegruppen können diejenigen Mitglieder, die den richtigen Lösungsansatz oder sachgerechte Einwände besitzen, die anderen korrigieren. Deshalb ist das *gemeinsame* Aufgaben- und Problemlösen auch erfolgswahrscheinlicher als das isolierte. Dies gilt allerdings nur dann, wenn die Gruppenmitglieder Kritik und Korrekturen ihrer Partner akzeptieren. Das Prinzip des Fehlerausgleichs kann durch gezielte *Fehlerkontrollen,* die man in die Lerninstruktion einbaut, wesentlich erhöht werden.

Zum zweiten geht es um die *Nutzung* des *Ideenpotentials.* Gruppen produzieren potentiell eine größere Anzahl von Ideen und Meinungen als einzelne. Auch dieser Strukturfaktor erhöht – wie bereits oben erwähnt – die Wahrscheinlichkeit für eine richtigere Aufgaben- und Problemlösung in Gruppen. Das Phänomen der Ideenhäufung kann durch Hinweise auf vorbehaltlosen Informationsaustausch, auf Interaktion im Reihum-Verfahren, auf die Möglichkeit einer zeitweisen individuellen Ideenproduktion gesichert und verstärkt werden.

3.4 Der Großgruppenunterricht

Bei dieser Methode denkt man außerhalb der Schule an Partei- oder Vereinsversammlungen, Gemeinderatssitzungen, Orchesterproben u. a., innerhalb der Schule an Lehrerkonferenzen, vor allem an den Großverband „Klasse". Aber nicht jede Arbeit in und mit der „Klasse" ist eine Groß„gruppen"arbeit. Von der „Klasse" als „Großgruppe" können wir nur dann sprechen, wenn sich ein Interaktionsprozeß nicht nur zwischen Lehrer und Schülern, sondern auch zwischen Schüler und Mitschüler abspielt, um sich einem Gegenstand zu nähern bzw. sich mit ihm auseinanderzusetzen. Strukturell ereignet sich ein Lernprozeß wie in einer Partner- oder Kleingruppe, generell gelten zur Auslösung dieses Prozesses und damit zur Entwicklung von Lerninstruktionen die gleichen Anmerkungen, nur hat der einzelne bei der Großgruppenarbeit aufgrund der größeren Teilnehmerzahl eine geringere Interaktionschance.

Notwendig ist der Großgruppenunterricht aber auf jeden Fall: Fast täglich entsteht in einer Klasse ein Anliegen, das *gemeinsam mit allen* besprochen werden muß. Es muß z. B. etwas geplant werden. Jeder einzelne muß die Möglichkeit haben, zu diesem *Plan* (Unterrichtseinheit, Projekt, Kleingruppenarbeit, Rollenspiel, Elternabend u. a.) Stellung zu nehmen, Vorschläge einzubringen, Informationsangebote zu machen, Fragen zu stellen, Zusatzprobleme einzubringen usw. Genauso notwendig wie Planungen sind *Auswertungen* in der Großgruppe. Ergebnisse von Kleingruppen- und Einzelarbeiten müssen in den Gesamtverband integriert, sie müssen diskutiert, korrigiert und ergänzt werden.

Foto: Vollmer

Beispiel 1: Planung

Es ist häufig von Vorteil, wenn die Schüler vor einem Planungsgespräch einen Überblick über die Ziele und Inhalte des amtlichen Curriculums erhalten. Durch Aufhängen eines solchen Planungsgerüsts haben die Schüler eine gewisse Richtschnur zur Vorbereitung der Großgruppenarbeit, bei der u. a. auch die vI und vZ diskutiert und modifiziert werden können. Beim Durchdenken des veröffentlichten Plans, bei dem auch Hinweise auf die zunächst vorhandenen Medien gegeben werden können, erfahren die Schüler, daß eine sklavische Bindung an das Vorgegebene oft falsch wäre und anderes (z. B. durch Gegenwartsereignisse bedingt) in den Vordergrund treten muß. Die *Mitarbeit der Schüler* an der Planung in der Großgruppe kann durch folgende Maßnahmen verstärkt werden:
1. Es wird für jedes neue Planungsgespräch eine andere „Tutorengruppe" gebildet, die allein oder mit dem Lehrer zusammen Vorarbeit leistet. Sie arbeitet z. B. einen Planungsentwurf aus, den sie der Großgruppe zur Diskussion stellt.
2. Vor Beginn des Planungsgesprächs ist häufig eine Phase Einzelarbeit sehr nützlich. Jeder kann dann erst in Ruhe seine Ideen für die Planung entwickeln, Vorschläge und Lösungen, besondere Wünsche und Interessen fixieren. Er wird dann aktionssicherer im Gespräch.

Für das *Lehrerhandeln* sind noch folgende Empfehlungen wichtig:
1. Sich von dem Vorurteil befreien, man verhalte sich autoritär, wenn man mit exakten und klar verständlichen Instruktionen und Vermittlungshilfen einen Freiraum bei den Schülern absichern will.
2. Wenn möglich, mit der Klasse ab und zu in einer gesprächsgewohnten Klasse hospitieren. Dabei Schüler beauftragen, die Gesprächsprozesse, insbesondere die Steuerung der Wortmeldungen, zu beobachten.
3. Den Schülern, die Interaktionsschwierigkeiten haben, Aufruf-Verfahren erläutern (z. B. „Wenn du, Heike, nachher, ausgeredet hast, schaust du dich im Kreis um und rufst jemanden auf, der sich meldet! Melden sollte sich aber nur, wer wirklich zu der Aussage von Heike etwas sagen will!").
4. Planungsgespräche protokollieren oder/und mit Tonband aufnehmen. Teile davon gemeinsam analysieren.

Beispiel 2: Auswertung

Jede Kleingruppenaufgabe schließt in der Regel die Intention ein, der Großgruppe die gefundenen Lösungen mitzuteilen und zu diskutieren. Ergebnisse, Darstellungsverfahren und Diskussionen können nach gemeinsam festgelegten Kriterien beurteilt werden. Diese Integration der Ergebnisse von Kleingruppen in den Gesamtprozeß stellt häufig ein Organisationsproblem dar, insbesondere für Fachlehrer und bei einem starren Stundenplanraster, der beispielsweise Blockstunden und flexible Zeiteinteilung, die auf begonnene Lernprozesse Rücksicht nimmt, nicht gestattet. Im Blick auf sinnvolle und rationelle Integration muß die Unterschiedlichkeit der Aufgabe hinsichtlich Zeitdauer der Lösung und thematischer Differenziertheit gesehen werden. Verhältnismäßig einfach läßt sich die Problematik bei *kurzzeitigen themengleichen Aufgaben bzw. Problemen für Kleingruppen* lösen. Jede Gruppe in der Klasse erhält die gleiche Aufgabe. Sie kann nach einer Einführung von ca. 5 Minuten in etwa 20 – 25 Minuten gelöst werden. Bei einer 50-Minuten-Stunde stehen noch ca. 20 Minuten für die Integration der Lösungen zur Verfügung. Hier gäbe es die Möglichkeit, daß jede Gruppe nacheinander ihr Ergebnis vorträgt und somit festgestellt wird, welche Gruppe ihr Ziel erreicht hat, welche nicht. Warum es zu richtigen oder falschen Lösungen gekommen ist, kann diskutiert werden. Dieses Verfahren ähnelt dem traditionellen mündlichen Abhörverfahren, wobei in dieser spezifischen sozialen Situation Prüfungsangst entstehen kann, die die Entwicklung und Darstellung der tatsächlichen Gruppenleistung erschwert oder blockiert. Das Interesse an den Ergebnissen der anderen läßt mit jedem Statement nach, jede Gruppe wartet nur noch auf Abruf. Die Konzentration auf die Sache kann eher erhalten werden, wenn lediglich *zwei Gruppen* ihre Lösungen präsentieren. Die anderen Gruppen erhalten die Aufgabe, die dargestellten Ergebnisse mit den eigenen zu *vergleichen* und von daher Stellung zu nehmen. Diese Aufgabe bzw. das Problem kann noch mit der *Aufforderung zur Beurteilung der Darstellungsweise* erweitert werden.

Bei *kurzzeitigen thematisch differenzierten Aufgaben bzw. Problemen* für Kleingruppen (Gruppe 1: Chemische Zusammensetzung des Zuckers, Gruppe 2: Zuckergewinnung, Gruppe 3: Zuckerhaltige Pflanzen, Gruppe 4: Zuckerindustrie auf der Erde, Gruppe 5: Verdauung des Zuckers ...) ist eine Integration wesentlich schwieriger. Hier muß für diese Lernphase mit einem größeren Zeitraum gerechnet werden. Wichtig ist, daß die Gruppen angeleitet werden, ihr Statement so vorzubereiten, daß die anderen die Informationen ohne große Verstehensschwierigkeiten übernehmen bzw. diskutieren können. Sie können auf *Tafelflächen* festgehalten oder auf *Overhead-Folien* skizziert und wiedergegeben werden. Hier sollte auch jeder in der Gruppe am Präsentationsakt beteiligt werden, damit die Beiträge des einzelnen zur Lösung für alle erkennbar werden.

Spannungsreicher wird das Verfahren, wenn jeweils *zwei Gruppen das gleiche Thema* übernehmen (Gruppe 1: Chemische Zusammensetzung des Zuckers, Gruppe 2: Chemische Zusammensetzung des Zuckers, Gruppe 3: Zuckergewinnung, Gruppe 4: Zuckergewinnung ...). Hier läßt sich die Zahl der Gruppen-Statements verringern: in einer Zwischenphase einigen sich jeweils zwei Gruppen mit gleicher Aufgabe auf ein Ergebnis.

Langzeitige thematisch differenzierte Aufgaben bzw. Probleme oder themengleiche Aufgaben bzw. Probleme bzw. Aufgaben- und Problemkataloge erfordern, da die Prozesse durch andere Unterrichtsstunden unterbrochen werden, zu Beginn einer neuen Unterrichtsstunde eine kurze *Arbeitsrückschau bzw. Zwischenbilanz* durch die Gruppen. Ergebnisprotokolle können auch an einer *Informationstafel* angeschlagen werden. Die Schlußberichte können durch *neugebildete Gruppen* vorgenommen werden, in denen sich Schüler aus *verschiedenen Gruppen* zusammenfinden, um die Lösungen zu integrieren („fish-pool“).

3.4.1 Methodenüberprüfung

Wie erfahren nun Lehrer und Schüler, ob die beschriebenen Lernwege (Methoden) förderlich sind? Ein Lernprozeß ohne Feedback für Lernende und Lehrende ist schon deshalb nicht denkbar, weil sonst nie eine von allen akzeptierte Verbesserung künftiger Lernintentionen, von Inhalten und Verhaltensweisen, von Methoden stattfinden könnte. Lernenden und Lehrenden muß also zum Beispiel ermöglicht werden, die Lernmethoden zum Gegenstand ihrer Reflexion zu machen [5]. Das folgende Beispiel, in dem u. a. die Fähigkeit der Schüler zur Metakommunikation belegt wird, läßt deutlich Zusammenhänge zwischen Lernanlässen, Lerninstruktionen und Lernmethoden erkennen.

Beispiel: Unterrichtsthema „Unterricht"

9. Hauptschulklasse. Die Lehrerin unterrichtet „frontal". Sie ist der Meinung, es lohnt sich nicht mehr, andere Methoden (gemeint: Partner-, Kleingruppen-, Großgruppenunterricht) anzuwenden, da die Klasse doch bald entlassen werde. Allerdings hat sie – nach ihren Aussagen – in ihrem Unterricht mit sehr großen Schwierigkeiten zu kämpfen, so daß sie am liebsten ihren Beruf aufgeben möchte. Sie charakterisiert ihre Schüler und Schülerinnen im wesentlichen negativ: „alles nur Sauerstoffverbraucher", „Asoziale", „eben der letzte Rest", „zur Kooperation vollkommen unfähig". Ein gemeinsames Gespräch mit Lehrern und Hochschullehrern über ihre Situation führt zur Vereinbarung, in der Klasse eine „Vertretungsstunde" durchzuführen, die dem Lernprozeß förderlich werden könnte. Die Lehrerin sollte über eine elektronische Beobachtungsanlage das Unterrichtsgeschehen verfolgen [6]. Als „Gastlehrer" zielte ich auf eine Auseinandersetzung der Schüler mit „Unterricht", und zwar über ihren eigenen, allerdings auf dem Umweg der Beobachtung eines fremden.

In einer Großgruppenarbeit sollten die Schüler mit dieser Zielvorstellung konfrontiert werden. Teilinformationen sollten dabei eingegeben und diskutiert, Methodenvorschläge sollten präsentiert werden. Jeder sollte dabei die Möglichkeit haben, sich zu äußern und begründete Gegenvorschläge einzubringen. Als „Gast" stellte ich mich kurz vor und rückte mit meinem Anliegen heraus (s. Aufstellung n. S.).

Instruktion
Konfrontierung mit dem Problem

„Ich brauche eure Hilfe. Ihr seid nun bald neun Jahre in der Schule gewesen, und ich bin überzeugt, daß ihr sie mir geben könnt. Ihr wißt, daß ich bei der Ausbildung von Lehrern beschäftigt bin. Lehrer sollen vor allem unterrichten lernen. Nun gibt es aber verschiedene Auffassungen von Unterricht."

Teilinformationen

Es gibt Leute, die sagen, Unterricht besteht darin, daß Lehrer den Schülern Wissen und Fertigkeiten wie Rechnen, Lesen, Schreiben vermitteln. Unterricht besteht also darin, daß Lehrer Schülern Informationen geben und dann die Informationen wieder abprüfen und beurteilen, wie die Informationen vom einzelnen Schüler aufgenommen werden.

Das sieht von oben etwa so aus: oder von der Seite etwa so:

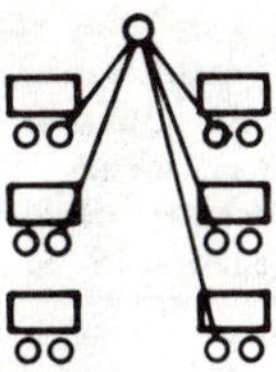

Großgruppenarbeit

Schüler sprechen über ihre Erfahrungen in der Schulzeit. Sie beurteilen zum Teil einzelne Lehrer. Es kommt zu widersprüchlichen Aussagen. Die Behauptung eines Schülers, es gäbe im Grunde nur eine Auffassung von Unterricht, nämlich die von mir gekennzeichnete, bleibt im Raume stehen.

Verstärkte Konfrontierung mit dem Problem
Methodenvorschlag

Ich schlage vor, daß wir uns bei der weiteren Auseinandersetzung mit dem Problem auf folgende Methode einigen:
„Ich zeige euch den Unterricht einer Lehrerin, den wir mit Film aufgenommen haben. Ich erläutere euch das Vorgehen – wie ich es mir denken könnte – anhand einer Instruktion, die ich euch jetzt über eine Folie an die Wand werfe."

> Beobachtet bitte den Unterricht in der Hauptschulklasse!
> Diskutiert eure Beobachtungen in der Kleingruppe!
> Haltet nach der Diskussion auf dem beigefügten Blatt schriftlich fest:
> 1. was euch an dem Unterricht gefällt
> 2. was euch an dem Unterricht nicht gefällt
> 3. welche Unterschiede zwischen dem beobachteten Unterricht und dem eigenen Unterricht bestehen.
> Entwickelt eine Empfehlung, wie Lehrer unterrichten sollen, damit Schüler mit dem Unterricht zufrieden sind!
> Die Empfehlung könnt ihr in Worten abfassen oder aber auch in Form einer Bilderfolge (Comics) darstellen (an der Gruppentafel oder auf einer Folie!)

Ich erläutere diese Instruktion im einzelnen und stelle sie zur Diskussion.

Großgruppenarbeit

Es kommen eine Reihe von Rückfragen zur Planung. Es wird der Vorschlag gemacht, daß man sich während der Vorführung des Films Notizen machen soll.

Einzelarbeit zur Vorbereitung der Kleingruppenarbeit	**Die Schüler beobachten Lehrer- und Schülerverhalten beim Vorführen der Unterrichtsdokumentation „Modelle im naturwissenschaftlichen Unterricht – Eine Unterrichtseinheit mit ‚black boxes' " (FWU 33 2574). (Die Dokumentation in einer 6. Hauptschulklasse zeigt einen Unterricht, in dem Methoden der dreipoligen Interaktion gut beobachtbar sind.)**
Kleingruppenarbeit (Analyse)	**Die Schüler analysieren anhand ihrer Beobachtungen den fremden Unterricht. Sie vergleichen ihn mit dem eigenen. Es kommt zu lebhaften Diskussionen. Die Ergebnisse werden – auf meinen Hinweis hin – an der zugewiesenen Gruppentafel und in einem Raster, den jede Kleingruppe erhalten hatte, festgehalten.**

Beispiel eines Ergebnisses:

Was gefällt	Was nicht gefällt	Unterschiede
Gruppenarbeit, sie schreien sich nicht an, Konzentration, Probleme durch Diskussion gelöst	Lehrer zu ernst, soll einmal einen Witz bringen	Klasse war leise, es wurde nicht gegessen, kein Quatsch, gute Zusammenarbeit, Schüler hören sich gegenseitig zu.

Kleingruppenarbeit (Konstruktion)	**Gruppen, die mit der Analyse fertig sind, wenden sich der „Konstruktions"aufgabe zu. Sie arbeiten an der gewünschten „Empfehlung", wie Lehrer unterrichten sollen, damit sich die Schüler wohl fühlen. Die meisten erbitten eine Folie, um eine Comic-Serie zu entwickeln. Andere malen eine Bilderfolge an die noch freien Tafelflächen, andere auf Papier. Weitere Lösungen erfolgen in Textform an Tafel oder Papier. Wer fertig ist, liest die an den Tafeln veröffentlichten Lösungen.** **Beispiel einer Text-Lösung:** **„1. Die Themen müßten sich mehr nach den Schülern richten. Denn was den Schülern gefällt und was ihnen mehr Spaß macht, da arbeiten sie besser mit. 2. Der Lehrer sollte ab und zu mal einen Witz bringen, das lockert den Unterricht mehr auf. 3. In jeder Klasse müßte es kleine Gruppen geben, und es müßte eine gute Klassengemeinschaft herrschen. 4. Man müßte insgesamt längere Pausen haben."** **Beispiel einer Comic-Lösung: (s. n. S.)**
Lerninstruktion	**Versucht bitte, Widersprüche bei den Tafelanschrieben zu entdecken! Ich schlage vor, daß wir über diese Widersprüche gemeinsam diskutieren. Danach kann jede Gruppe ihre Empfehlungen vorstellen!**
Großgruppenarbeit (Auswertung)	Auswertung der Kleingruppenlösungen a) durch Diskussion der widersprüchlichen Analyseresultate, b) durch Diskussion der Empfehlungen an Lehrer, wie sie unterrichten sollen, damit sich Schüler wohl fühlen.

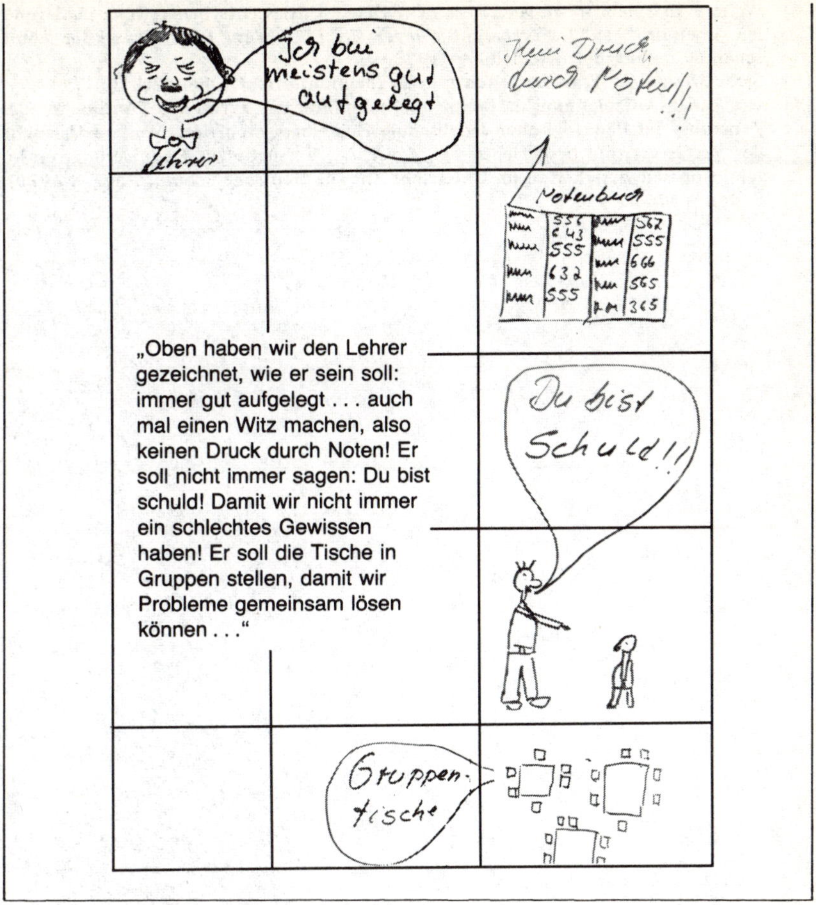

3.5 Anmerkungen

[1] Siehe auch *Meyer, E.:* Gruppenunterricht – Grundlegung und Beispiel. Oberursel [7]1975. Ders.: Trainingshilfen zum Gruppenunterricht. Oberursel 1981.

[2] Weitere praktische Hinweise bei *Simon, A.:* Partnerschaft im Unterricht. München [3]1965. Sowie: *Schell, Ch.:* Partnerarbeit im Unterricht. München 1972.

[3] Das Knet-Beispiel wurde anläßlich des Internationalen Pädagogischen Kongresses der International Society for Group Activity in Education in Malmö 1979 demonstriert. Es wird beschrieben von *Müller-Wolf, H.-M.:* Entwicklung und Evaluation eines Curriculums „Soziales und affektives Lernen". In: Soziales Lernen in der Schule. Hrsg. v. *H. Roth/A. Blumenthal.* Hannover 1977. Zu den multimedialen Spielformen finden sich praktische Beispiele bei *Thomas, C.:* Beispiele pantomimischer, luminodynamischer und instrumentaler Kommunikationsspiele. In: Polyästhetische Erziehung. Hrsg. v. *W. Roscher.* Köln 1976.

[4] Weitere Beispiele in *Meyer, E.:* a.a.O.. Ders.: Unterrichtsvorbereitung in Beispielen. Bochum ^{16}1973. *Forsberg, B./Meyer, E.:* Einführung in die Praxis der schulischen Gruppenarbeit. Heidelberg ^{2}1976.

[5] Siehe *Meyer, E.:* Trainingshilfen zum Gruppenunterricht. Oberursel 1981.

[6] Die Video-Aufzeichnung ist beim hochschulinternen Fernsehen (Audio-visuelles Zentrum) der Pädagogischen Hochschule Heidelberg archiviert. Weitere Versuche des Verfassers sind beschrieben bei *Meyer, E.:* Versuche zur Reduzierung von Interaktionsschwierigkeiten im Unterricht. In: Die Deutsche Schule, 72 (7, 8/1980), S. 466 – 476.

Wilfried Buddensiek, Dr. phil., Jg. 1948,
Akademischer Rat an der Universität/
Gesamthochschule Paderborn

Anschrift:
Ostpreußenweg 14
4790 Paderborn-Marienloh

Wichtige Publikationen

Pädagogische Simulationsspiele im sozio-ökonomischen Unterricht der Sekundarstufe I. Bad Heilbrunn: Klinkhardt 1979.
Unterrichtsmodelle zur Arbeits- und Wirtschaftslehre und zur Politischen Bildung. Zus. herausgegeben von *W. Buddensiek, F. J. Kaiser, H. Kaminski* und *H. Wittekind.* Bad Heilbrunn: Klinkhardt 1982.
Schulstudie zur zweijährigen Berufsgrundschule – Der Modellversuch zur Verbindung des Berufsvorbereitungsjahres mit dem Berufsgrundschuljahr in NRW. Zus. bearbeitet von *W. Buddensiek* und *F. J. Kaiser.* Herausgegeben vom *Landesinstitut für Schule und Weiterbildung.* Soest 1986.

4 Methoden der dreipoligen Interaktion

Die Simulativen Verfahren (8)

Wilfried Buddensiek

Vorbemerkung

Um die folgenden Aussagen nicht zu umfänglich geraten zu lassen, andererseits aber transferierbare Anregungen zu geben, werden in diesem Beitrag nur die Rollen-, Plan-, Konflikt- und Entscheidungsspiele erläutert. Insbesondere die Ausführungen im Abschnitt 4.3 treffen auch für die Lern-, Kunst- und Sportspiele zu. Die letzteren bilden insofern jedoch eine Gruppe für sich, als sie weniger Modellcharakter aufweisen, dafür aber unmittelbarer dem menschlichen Spielbedürfnis Ausdruck verleihen. Ob Vokabeln dadurch „gelernt" werden, daß die Schüler mit dem letzten Buchstaben eines gerade hineingerufenen Wortes ein neues Wort erfinden dürfen – ob *Shakespeare*s „Julius Cäsar" aufgeführt wird – oder auf dem Schulhof ein Fußballspiel stattfindet ... In all diesen Fällen geht es primär um das Spiel und vielleicht auch um Vokabeln, Julius Cäsar und die Technik beim Elfmeterschießen. Entscheidend aber auch hier ist die Zurückhaltung des Lehrers, der allerdings arrangiert, organisiert, moderiert, den unmittelbaren Bezug Schüler-Mitschüler-Gegenstand – während des Spiels zumindest – eben nicht tangiert.

4.1 Zwei Unterrichtssituationen

Erste Situation:
Jeweils fünf Schüler diskutieren an Gruppentischen, auf denen ein Spielbrett, verschieden farbige Karten sowie Spielgeld ausgebreitet sind. Würfel werden weitergereicht, Figuren gesetzt, Ereigniskarten gelesen, Geld wird gezahlt und kassiert. Eigentlich ist Pause. Die Schüler der Nachbarklasse lärmen auf dem Flur, reißen die Tür auf und bleiben verwundert stehen. Niemand nimmt von ihnen Notiz. Ihr unüberhörbarer Hinweis, daß doch *Pause* sei, wird mit einem knappen „Stört uns nicht!" kommentiert.
Der Lehrer ist auf den ersten Blick nicht zu finden. Er sitzt bei einer der Schülergruppen und beobachtet das Spielgeschehen. Es gilt, die Aktionen und Reaktionen der Mitspieler einzuschätzen, eine optimale Strategie für das eigene oder das gemeinsame Verhalten in einer Konfliktsituation zu finden und die Konsequenzen einzukalkulieren, die sich aus den eigenen Handlungen ergeben können. Immerhin steht einiges auf dem „Spiel", unüberlegtes Handeln zieht finanzielle oder andere Einbußen nach sich, während sich planvolles Vorgehen in der Regel positiv auswirkt [1].

Zweite Situation:
Frau M. registriert, daß die Schüler wesentlich aufmerksamer und konzentrierter als gewöhnlich das Unterrichtsgeschehen verfolgen. Nachdem sie das Problem eines Auszubildenden beschrieben hat, der in einem kleineren Betrieb ausbildungsfremde und zugleich gefährliche Arbeiten übernehmen soll, hat sie sich in den großen Zuschauerhalbkreis zurückgezogen. Sie beobachtet, wie fünf Schüler das Problem mit verteilten Rollen weiterspielen, Argumente und Gegenargumente austauschen, drohend und beschwichtigend reagieren und nach einigem „pro und contra" eine – von ihr nicht geplante – Handlungsalternative realisieren.

Frau M. läßt sich einerseits von der Begeisterung der Schüler mitreißen, merkt andererseits aber auch, daß ihr Hauptanliegen, die arbeitsrechtlichen Aspekte des beschriebenen Falles aufzuarbeiten, im Rollenspiel kaum berücksichtigt wurden. Da die dargestellte Problemlösung bei den Zuschauern nur geteilten Beifall findet, fordert sie eine zweite Gruppe auf, eine andere Lösungsvariante durchzuspielen und hofft, in der anschließenden Spielauswertung unterschiedliche Lösungen vergleichen und dabei arbeitsrechtliche Fragen mit einbringen zu können [2].

Die zwei skizzierten Unterrichtssituationen mögen zwar nicht typisch für den Schulalltag sein, andererseits sind sie aber auch keine Phantasieprodukte des Verfassers, sondern beschreiben eine auch in Hauptschulklassen mit sog. „Problemschülern" erlebte Unterrichtswirklichkeit.

Die aufgelockerte, ungezwungene Klassenzimmeratmosphäre, das starke Engagement der Schüler und die weitgehende Zurückhaltung des Lehrers sind die markantesten Merkmale beim Einsatz von Simulationsspielen – seien es vorgefertigte Brettspiele, wie in der ersten Unterrichtssituation, oder aber einfach zu arrangierende Rollenspiele, wie in der zweiten Situation. Simulationsspiele sind damit gleichzeitig eine Herausforderung an jenen traditionellen Unterricht, der gekennzeichnet ist durch ein Planungsmonopol des Lehrers, einen starren, verplanten Unterrichtsverlauf, erzwungenes Lernen, weitgehende Ignoranz der Erfahrungswelt der Schüler sowie die Vernachlässigung sozialer Dimensionen des Lernens.

Simulations*spiele* werden allerdings nur gelingen, wenn die Unterrichtsplanung des Lehrers *Freiräume* für die Schüler läßt, die sie selbst spielerisch gestalten können. Dazu gehören neben inhaltlichen Freiräumen bei einigen Simulationsspielen z. B. auch schulorganisatorische Maßnahmen, etwa wenn sich das Spiel nicht in eine 45minütige Unterrichtsstunde hineinpressen läßt oder mehr Platz erfordert, als in einem engen Klassenraum zur Verfügung steht. Sofern Simulationsspiele nicht aufgrund äußerer Umstände zum Scheitern verurteilt sind, können sie schülerorientierten Unterricht und ein Stück alternativer Schule realisieren, die gleichermaßen auf die gegenwärtigen Bedürfnisse der Schüler eingeht (insbesondere durch spielerisch gestaltetes, intrinsisch motiviertes Lernen), als auch die zukünftigen Interessen der Schüler berücksichtigt (speziell durch die Auswahl der Spielinhalte und der Rollen).

4.2 Erste begriffliche Klärung und vorläufige Charakterisierung des Simulationsspiels

Die Expansion didaktischer Simulationsspielkonzepte geht einher mit einer verwirrenden terminologischen Vielfalt. Begriffe wie: Rollen-, Konflikt-, Plan-, Simulationsspiel oder Computer-Simulation kennzeichnen nur sehr vage und unzureichend die Unterschiede und Gemeinsamkeiten didaktischer Konzeptionen. Der Begriff „Simulationsspiel" setzt sich als weitgefaßter Oberbegriff immer mehr durch. Im Gegensatz zu den anderen genannten Begriffen ermöglicht er die didaktisch bedeutsame Differenzierung zwischen (nicht-spielerischer) *Simulation, Simulationsspiel* und *Spiel.* Gleichzeitig signalisiert er, daß „Simulationsspiel" aus den Elementen „Spiel" und „Simulation (= dynamisiertes Modell)" bestehen.

Am bekanntesten, aus didaktischer Perspektive allerdings fragwürdig, ist das Simulationsspiel „Monopoly". An diesem relativ einfach strukturierten Brettspiel lassen sich wesentliche Elemente des Simulationsspiels verdeutlichen.

Es ist zunächst ein *Lernmittel* in Form eines vorkonstruierten *Spielrahmens* (in unserem Beispiel: Brett, Regeln, Besitzkarten, Figuren, Würfel u. a.). Dieser besitzt gleichzeitig den Charakter eines statischen Modells (i. B.: stark verkürzendes Modell eines Immobilienmarktes).

Erst bei der Anwendung des Simulationsspiels als *Lernmethode* wird das Modell im Verlauf des *Spielgeschehens* dynamisiert durch

– die *Aktionen* der Spielteilnehmer, die damit zu einem integralen Bestandteil des Modells werden,

– die *Reaktionen* des Spielrahmens, der den Verlauf und das Ergebnis des Spiels mehr oder weniger vorstrukturiert (i. B.: Die Spieler treffen Entscheidungen über Hausan- und -verkäufe bzw. haben Anweisungen zu befolgen, die ihnen durch die Mitspieler, die Spielregeln und das übrige Spielzubehör vorgeschrieben werden).

Der *Reaktionsbereich* eines Simulationsspiels ist im allgemeinen mit Hilfe einer oder mehrerer der folgenden *Rückkopplungsmechanismen* konstruiert:

1) Mitspieler (mit oder ohne feste Rollen),
2) Spielleiter (mit oder ohne festgelegten Aktionsbereich),
3) Spielregeln (normativ oder offen für Veränderungen),
4) Spielbrett mit Zubehör (z. B. Würfel, Figuren, Risikokarten usw.),
5) sonstige Spielmaterialien (Spielgeld, Chips und andere Symbole für Besitz, Macht u. a.),
6) Spielauswertungsformulare,
7) Elektronenrechner.

Durch verschiedene Kombinationen dieser Rückkopplungsmechanismen sowie durch deren unterschiedliche inhaltliche und formale Ausgestaltung lassen sich die verschiedensten Simulationsspielformen konstruieren.

So zeichnen sich Brettspiele beispielsweise durch eine relativ komplizierte Kombination der Rückkopplungsmechanismen 1, 3, 4 und 5 aus, während der Reaktionsbereich einfacher Rollenspiele primär durch die Mitspieler, in manchen Fällen noch durch den Spielleiter und einige Spielregeln ausgestaltet wird. Es liegt auf der Hand, daß Rollenspiele aus diesem Grund wesentlich einfacher zu konstruieren sind als Brettspiele und daß Spielverlauf und -ergebnis oftmals sehr viel weniger determiniert sind als bei Simulationsspielen, die ausgefeilte und aufeinander abgestimmte Rückkopplungsmechanismen besitzen.

4.3 Das spielerische Element des Simulationsspiels

„Spiel“ gehört neben dem Handeln im Modell (bzw. der „Simulation“) zu den zentralen Elementen des Simulations*spiels*. Deshalb ist zu fragen, *welche didaktischen Implikationen sich aus dem spielerischen Element des Simulationsspiels ergeben.* Die nachfolgenden Ausführungen fassen die wichtigsten Erkenntnisse zusammen, die sich aus verschiedenen pädagogischen und psychologischen Spieltheorien ableiten lassen (vgl. auch *Buddensiek*, 1979, S. 35 – 108):

1) „Spiele, die man veranstaltet, um außerhalb des Spiels liegende Ziele zu erreichen, bleiben nicht Spiele ... Ihre Determination durch curriculare Ziele, alles knauserig minutiöse Einpassen in spielfremde Unterrichtsschritte zerstört das unbekümmerte Verhältnis der Schüler zum Spiel“ (*Halbfas*, 1976, S. 10).

In diesem Zitat wird eine didaktische Ambivalenz des Spiels angesprochen, die der Lehrer akzeptieren muß, wenn er dessen produktive Momente nutzen will. Spiel ist frei von *spielexternen* Zwecken und wird primär um seiner selbst willen betrieben. *Lernziele lassen sich – ohne Gefährdung oder Perversion des Spiels – innerhalb einer Spielphase nur erreichen, soweit sie Ziele des Spiels sind.* Sie werden von den Schülern nicht in erster Linie wegen des Lerneffekts verfolgt, sondern primär angestrebt, um erfolgreich spielen zu können. Lernen wird im Spiel zur „Nebensache“, die allerdings immer noch wesentlich fruchtbarer sein kann als erzwungenes Lernen im herkömmlichen Unterricht. Schüler sind nämlich viel eher bereit, komplizierte Texte, schwierige Zusammenhänge u. ä. zu erfassen, wenn dies für das Gelingen des Spiels unmittelbar erforderlich ist.

In diesem Zusammenhang ist nachdrücklich vor Versuchen zu warnen, Spiele als Vehikel für schwer vermittelbare Lerninhalte zu konstruieren. Das Vehikel könnte dadurch überfrachtet werden und auf halber Strecke zusammenbrechen, mit der fatalen Konsequenz, daß Schüler gegenüber einem derart unsicheren Transportmittel skeptisch werden und die Freude am Spielen verlieren.

2) Spiele erfordern – mehr noch als andere aktive Lernmethoden – eine offene Unterrichtsplanung, die Freiräume läßt für die aktuellen Interessen und Probleme der Schüler. *Besonders in den Spielphasen sollte der Lehrer die Gestaltung des Unterrichts den Schülern überlassen.* Er muß akzeptieren, daß die Schüler das vorgegebene Spielproblem im Rahmen der jeweiligen Spielregeln aus *ihrer* Sicht und mit *ihren* Mitteln lösen. Er muß darauf vertrauen, daß das Spiel produktive Lernerfahrungen ermöglicht, die in einer

anschließenden Reflexionsphase auszuwerten sind. Der Lehrer kann zwar das Spielgeschehen durch bestimmte Eingaben lenken, derartige Steuerungsmaßnahmen können aber die Spontaneität der Spieler und deren Freude am Spiel dämpfen und das Gelingen des Spiels gefährden, wenn sie zu häufig ergriffen werden.

Fragwürdig sind in diesem Zusammenhang geschlossene Spielkonzepte, die durch rigide Rollenvorgaben oder gar wörtlich festgelegte Argumente die Aktivität der Spielteilnehmer auf ein marionettenhaftes Pseudo-Handeln beschränken und damit sowohl Spiel- als auch Erkenntnisprozesse be- oder gar verhindern.

3) Spiel und Spielauswertung müssen eine didaktische Einheit bilden, wenn der Abstand vom Alltag, der im Spiel gewonnen wurde, die Grundlage für Erkenntnisfortschritte bilden soll [3]. Spiele würden im nachhinein pervertiert, wenn im auswertenden Unterricht der Bezug zum Spiel verlorenginge. Ein spielauswertender Unterricht ist – wie bereits sein Name sagt – abhängig vom jeweiligen Spielverlauf und daher nicht langfristig planbar, sondern sollte die aktuellen Probleme und Ergebnisse reflektieren, die sich im Spiel ergeben haben.

4) Im Spiel erbrachte Leistungen lassen sich nicht zensieren, wenn das ursprünglich von spielexternen Zwecken freie Spiel nicht zum Tauschgeschäft zwischen Schülern und Lehrern pervertiert werden soll. Damit ist jedoch nicht ausgeschlossen, daß bestimmte Spielstrategien im spielauswertenden Unterricht bewertet werden können hinsichtlich ihres Nutzens, den sie im Spiel erbracht haben oder den sie im Alltag erbringen könnten. Diese Bewertungen sollten sich allerdings nicht in Zensuren niederschlagen, damit die produktive Möglichkeit des Spiels, aus Fehlern und Mißerfolgen zu lernen und gewagte Strategien zu erproben, nicht durch die Notengebung verhindert wird.

Die didaktischen Schlußfolgerungen in den Punkten 1 – 4 sind nicht nur auf Simulationsspiele anwendbar, sondern gelten – da sie aus allgemeinen Spieltheorien abgeleitet wurden – in leicht abgewandelter Form auch für didaktische Spiele ohne Simulationsabsichten, z. B. für Spiele im Kunst- und Sportunterricht.

4.4 Simulationsspiele als Modelle

Das Denken und Handeln in Modellen gewinnt – nicht nur im Zusammenhang mit Simulationsspielen sowie nichtspielerischen Simulationen – in verschiedenen Fachdidaktiken zunehmend an Bedeutung (vgl. auch *Stachowiak*, 1980). Bezogen auf unsere Thematik stellt sich die Frage, *welche didaktischen Implikationen sich aus dem Modellcharakter von Simulationsspielen ergeben.* Zur Klärung dieser Frage sollen zunächst einige modelltheoretische Grundlagen dargestellt werden.

Nach *Salzmann* (1974, S. 108) weisen Modelle folgende sieben Merkmale auf:

1. Abbildung oder Repräsentation,
2. Verkürzung oder Reduktion,
3. Subjektivität oder Perspektivität,
4. Akzentuierung,
5. Transparenz,
6. Intentionalität,
7. Instrumentalität.

Diese Merkmale, die für alle Modelle und daher auch für Simulationsspiele gelten, sollen am Beispiel einer Straßenkarte für Autofahrer verdeutlicht werden:
Straßenkarten geben u. a. Straßenverbindungen zwischen Ortschaften einer bestimmten Region wieder (*Repräsentation*). Sie verzichten dabei auf die Darstellung all jener geographischer Aspekte, die für den Autofahrer keine unmittelbare Bedeutung besitzen (*Reduktion*). Dagegen heben sie Straßen besonders hervor und unterscheiden zwischen Autobahnen, Bundesstraßen usw. (*Akzentuierung*). Durch Reduktion und Akzentuierung wird die repräsentierte Region für den Autofahrer durchschaubar (*Transparenz*), denn Straßenkarten sind auf seine speziellen Zwecke zugeschnitten (*Instrumentalität, Perspektivität*). Für diese Zwecke wurden sie planmäßig entwickelt (*Intentionalität*).

Schon an diesem einfachen Beispiel wird deutlich, daß Modelle nicht als „realitätsgerechte Abbildungen" für beliebige Verwendungszwecke aufzufassen sind. Vielmehr sind sie Hilfskonstruktionen für die Erkenntnisgewinnung, die immer nur für eine *bestimmte Zeitdauer,* für *spezielle Zwecke* und für *bestimmte Benutzer* entwickelt werden, während sie für andere Intentionen oder Benutzer durchaus untauglich sein können.
Modelle besitzen eine *produktive* und *erkenntnisfördernde Funktion* aufgrund ihrer – gegenüber dem jeweiligen Original – erhöhten *Transparenz.* Diese gewinnen sie einerseits durch das bewußte Auslassen von Attributen und Faktoren, die für den jeweiligen Erkenntniszweck als nebensächlich erachtet werden, andererseits durch die Hervorhebung der jeweils interessierenden Teilaspekte. Modelle lassen sich daher weniger anhand der Kriterien „richtig" oder „falsch", sondern eher mit Hilfe der Begriffe „nützlich" oder „nutzlos" bewerten.

Ein von der Modelltheorie weitgehend ausgeklammertes Problem ist das Verhältnis zwischen wahrnehmbarer Wirklichkeit und Modell. Der von der Modelltheorie eingeführte Begriff des „Originals" (i. S. von Original des Modells!) signalisiert nämlich lediglich, daß das Modell eine Repräsentation von „etwas" ist. Das Original (eines Modells) kann wiederum ein Modell sein oder eine Theorie, das Ergebnis wissenschaftlicher Experimente, ein Plan, eine Idee, eine Alltagserfahrung u. a. Jedes Original aber basiert auf Wahrnehmungen und Erkenntnissen des Modellkonstrukteurs und kann aufgrund der begrenzten menschlichen Wahrnehmungsfähigkeit immer nur einen bestimmten Wirklichkeitsausschnitt unter einer bestimmten Wirklichkeitsauffassung repräsentieren, die einer näheren Rechtfertigung bedarf (vgl. *Buddensiek*, 1979, S. 112 f.).

Daraus ergibt sich, daß vor der *Konstruktion* von Modellen bzw. Simulationsspielen zunächst zu klären ist, *welche* Wirklichkeitsauffassung im Modell repräsentiert bzw. *welches* Original als Basis für die Modellbildung dienen soll. Erst im Anschluß daran stellt sich als zweite grundlegende Frage, welche Aspekte des Originals hervorgehoben bzw. vernachlässigt werden sollen. Bei der *Verwendung* von Modellen bzw. Simulationsspielen kommt es entscheidend darauf an, daß diese vom Modellkonstrukteur vorgenommenen Perspektivierungen nachvollzogen werden (können) [4]. Nur wenn die Modellbenutzer, also Lehrer *und* Schüler, das Modell als Hilfskonstruktion begreifen, in der ein immer schon perspektivisches Original für bestimmte Zwecke perspektivisch und akzentuiert wiedergegeben wird, läßt sich die Gefahr vermeiden, daß Modell und „Wirklichkeit" kurzschlüssig gleichgesetzt werden, oder daß sich Modelle bzw. Simulationsspiele in den Köpfen der Schüler zu einer eigenen „Wirklichkeit" verselbständigen [5].
Deshalb sollten bei der unterrichtlichen Verwendung von Simulationsspielen gleichzeitig dessen Reichweite und Grenzen bestimmt werden. Diese Forderung klingt zunächst sehr anspruchsvoll, läßt sich jedoch mit relativ geringem Aufwand durch folgende zwei Maßnahmen realisieren:

4.4.1 Unterricht über Modellmerkmale und -funktionen

Dieser Unterricht könnte beispielsweise auf folgenden Aufgabenstellungen basieren:

1. *Nennt verschiedene Modelle!* 2. *Welcher Unterschied besteht zwischen den genannten Modellen und ihren Originalen?*
Erfahrungsgemäß bereitet es den Schülern etwa ab der 7. Hauptschulklasse keine Schwierigkeiten, von ihnen selbst genannte Modelle aufgrund der zweiten Aufgabe zu kennzeichnen als vereinfachte oder verkleinerte Nach- bzw. Vorbilder (Reduktion und Repräsentation bzw. Präsentation), die bestimmte Gegenstände oder Problemsituationen veranschaulichen sollen (Transparenz) und leichter als ihr Original zu handhaben sind (Instrumentalität). Dagegen werden die Modellmerkmale Intentionalität (Zielgerichtetheit) und Perspektivität (spezielle Sichtweise), die für die Beurteilung von Modellen von besonderer Bedeutung sind, häufig nicht gesehen, zumindest nicht genannt. Diese Merkmale sowie wesentliche Funktionen von Modellen lassen sich aber ohne weiteres an Beispielen herausarbeiten:

Beispiel 1: In einem Atlas geben verschiedene Karten den gleichen geographischen Raum aus jeweils unterschiedlicher Sicht wieder. Jeweils spezielle Karten heben z. B. politische Grenzen, Verkehrsverbindungen, Klima, Vegetation, Beschaffenheit der Erdoberfläche hervor. Außerdem gibt es Karten, die Wirtschaftsstrukturen, Industriebesatz, Ex- und Importverflechtungen, Rohstoffvorräte, Wirtschaftsunionen deutlich machen wollen. Jede Einzelkarte repräsentiert nur einen schmalen Ausschnitt geographischer, ökonomischer, soziopolitischer Wirklichkeit. Auch mit der Summe der Karten läßt sich die politische, ökonomische und soziale Wirklichkeit eines Raumes nur unzureichend beschrieben.

Beispiel 2: Das Modell eines Hubkolbenmotors kann zwar einzelne Arbeitstakte des Verbrennungsmotors veranschaulichen, die Probleme des Ölverbrauchs oder der Umweltbelastung werden dabei jedoch ausgeblendet.

Beispiel 3: Um noch ein verbreitetes Simulationsspiel als Beispiel zu nehmen: Beim „Monopoly-Spiel" wird deutlich, daß der Erwerb von Grundstücken und Häusern einerseits mit Ausgaben verbunden ist, andererseits aber auch die Quelle für zukünftige Einkommen bildet. Soziale Folgeprobleme, die sich für Mieter ergeben, wenn Wohnhäuser einer Straße abgerissen werden und durch gewinnbringendere Hotels ersetzt werden, bleiben in diesem Spiel ebenso wie viele andere soziale Faktoren unberücksichtigt.

4.4.2 Modellanalyse und Modellkritik am konkreten Simulationsspiel

Damit die unter (4.4.1) erarbeiteten Erkenntnisse nicht folgenlos bleiben oder gar vergessen werden, sollten sie im Rahmen der Spielauswertungsphase(n) jeweils zum konkreten Simulationsspiel in Beziehung gesetzt werden, etwa durch folgende Leitfragen:

– Welche Aspekte werden in diesem Simulationsspiel besonders hervorgehoben? Welche werden verzerrt oder ganz vernachlässigt?

– Inwieweit stimmen Spielsituationen und vergleichbare Realsituationen überein? Welche Unterschiede ergeben sich?

Wenn Schüler gelernt haben, diese Fragen an Simulationsspiele zu stellen, werden sie erkennen, daß Simulationsspiele wie alle anderen Modelle lediglich *Ausschnitte* einer bestimmten Wirklichkeit aus einer bestimmten *Perspektive* mit einer bestimmten *Intention* hervorheben. Möglicherweise können sie darüber hinaus bereits ansatzweise zu der Einsicht geführt werden, daß menschliche Erkenntnis generell gebunden ist an die Interessen, den Standort und die Perspektiven eines wahrnehmenden Subjekts.

4.5 Das Simulationsspiel als Synthese aus den Elementen „Spiel" und „Modell"

Durch die Synthese von einem Spiel, das frei ist von spielexternen Zwecken, und einem intentional konstruierten Modell mit eindeutig didaktischen Absichten gewinnt das Simulationsspiel seinen spezifischen, ambivalenten Charakter und läßt sich kennzeichnen als ein Spiel-Modell,

– das komplexe oder schwer zugängliche gesellschaftliche bzw. technische Zusammenhänge und Probleme perspektivisch reduziert, akzentuiert und dadurch transparenter als im Original präsentiert und auf diese Weise für Schüler vielfach erst zugänglich macht;

– das durch die Spielteilnehmer dynamisiert wird und von ihnen ausgestaltet und verändert werden kann – sofern eine mangelhafte Spielkonstruktion dies nicht verhindert;

– das eine eigengesetzliche, vom Alltag inhaltlich und zeitlich abgehobene Spiel-Wirklichkeit schafft, die die Spieler in besonderer Weise motiviert, sich in übernommenen Rollen, frei von alltäglichen Zwängen und spielexternen Zwecksetzungen, handelnd mit einer Problemsituation auseinanderzusetzen;
– das mit Hilfe jeweils unterschiedlicher Rückkopplungsmechanismen auf die Handlungen der Spieler reagiert und diese dadurch bewertet und steuert.

Das Simulationsspiel kann also beschrieben werden als modellhafte, d. h. intentional konstruierte, inhaltlich und zeitlich begrenzte, perspektivische Scheinwelt, die von Spielern dynamisiert und ausgestaltet wird, indem diese eine vorgegebene Problemsituation in übernommenen Rollen, innerhalb eines mehr oder weniger vorstrukturierten Aktions- und Reaktionsrahmens durch Spielhandeln zu einer Lösung bringen.

Aufgrund ihrer didaktischen Eigenart sind bei der Verwendung von Simulationsspielen – über die Ausführungen in den Abschnitten 3 und 4 hinaus – folgende Punkte besonders zu berücksichtigen:

- Spielhandeln kann bestenfalls eine hilfreiche, aber keineswegs hinreichende Vorübung für ein Handeln in Ernstsituationen sein. Überall, wo Handeln in Ernstsituationen möglich und angebracht ist, sollte es nicht durch Simulationsspiele ersetzt werden.
- Vorbereitung, Durchführung und Auswertung von Simulationsspielen müssen eine didaktische Einheit bilden, wenn der im Spiel gewonnene *Abstand* von der Alltagswirklichkeit, der sich sowohl aus dem Spiel- als auch dem Modellcharakter von Simulationsspielen ergibt, zu produktiven Erkenntnissen führen soll.

Aus der letzten didaktischen Anforderung, die beim Einsatz von Simulationsspielen zu berücksichtigen ist, ergibt sich folgendes idealtypisches Unterrichtsverlaufskonzept, s. n. Seite (vgl. *Buddensiek*, 1979, S. 214).

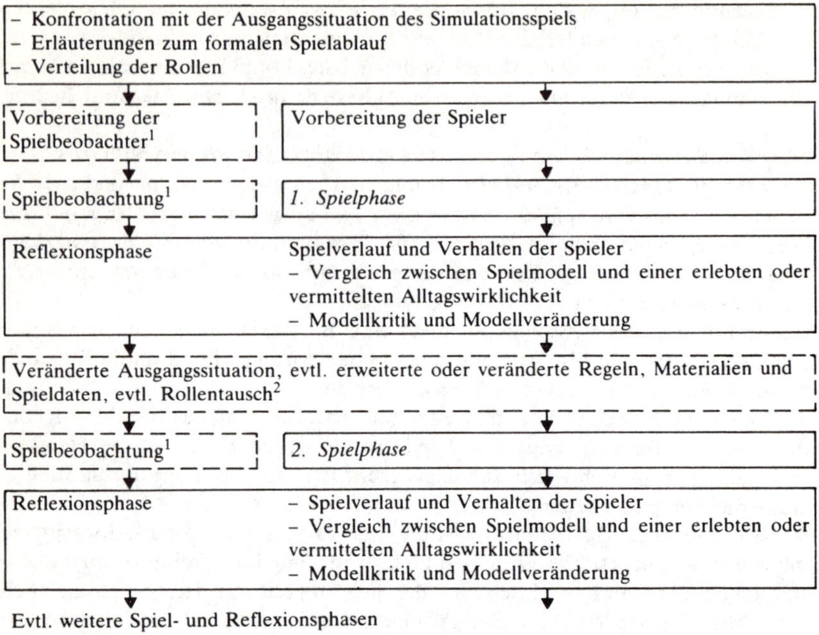

[1] Nur bei Spielen, an denen nicht alle Schüler aktiv beteiligt sind.
[2] Bei einigen Spielen ist nur eine Spielphase vorgesehen.

4.6 Didaktische Möglichkeiten von Konferenzspielen

Konferenzspiele haben bislang zwar verhältnismäßig wenig Beachtung gefunden, gleichwohl bieten sie eine Reihe produktiver didaktischer Möglichkeiten. Sie lassen sich – im Gegensatz zu Brettspielen, jedoch ähnlich wie Rollenspiele – mit vertretbarem Aufwand von Lehrern und Schülern entwickeln.

Im Mittelpunkt dieses Spieltyps steht eine Konferenz, eine Bürgeranhörung o. ä. zu einem wirtschaftlich, geographisch und/oder politisch relevanten Problem. Bevor die Schüler als Vertreter bestimmter Interessengruppen an der Konferenz teilnehmen können, müssen sie sich mit dem anstehenden Problem vertraut machen, Hintergrundinformationen aufarbeiten und festlegen, welche Positionen sie im Rahmen ihrer übernommenen Rolle auf der Konferenz vertreten wollen.

In der nachfolgenden Übersicht werden die einzelnen Phasen des Konferenzspielkonzepts am Beispiel des Planspiels „Fußgängerbereiche" (*Haubrich*, 1974) verdeutlicht:

Allgemeines Verlaufskonzept für Konferenzspiele	Inhalte des „Planspiels: Fußgängerbereich"
1. Präsentation der Ausgangssituation und Problemanalyse	Die Schüler werden mit der Problemsituation konfrontiert: Wie sind die Verkehrsprobleme einer Innenstadt zu lösen? Soll der Individualverkehr weiter zugelassen werden? Soll eine Fußgängerzone gebaut werden?
2. Bildung von Interessengruppen	Die Klasse wird in folgende Interessengruppen eingeteilt: Fußgänger, Autofahrer, Benutzer öffentlicher Verkehrsmittel, Anwohner, Geschäftsleute, Touristen, Käufer, Verkehrsexperten.
3. Aufarbeitung spezieller Hintergrundinformationen (evtl. zunächst Beschaffung dieser Informationen)	Die einzelnen Interessengruppen erhalten allgemeine Rollenhinweise und analysieren aus ihrer spezifischen Interessenperspektive Karten, Statistiken, Zeitungsberichte usw. über den Ist-Zustand einer konkreten Innenstadt.
4. Suche nach Problemlösungen, Festlegung von Verhandlungszielen	Die Gruppen planen, welche Vorschläge sie in eine Bürgerversammlung zur Gestaltung der Innenstadt einbringen wollen. Sie versuchen, Gegenargumente gegen konkurrierende Ziele anderer Interessengruppen zu sammeln.
5. Spielphase: Präsentation und Diskussion von Lösungsalternativen, evtl. Mehrheitsentscheidung	Im Rahmen einer simulierten Bürgerversammlung werden Planungsalternativen der einzelnen Gruppen möglichst anschaulisch präsentiert (mit Hilfe von Folien, Stadtplänen usw.). Anschließend wird über die verschiedenen Umgestaltungsanträge abgestimmt.
6. Auswertung des Simulationsspielverlaufs und der Spielergebnisse	Die Schüler beurteilen das Verhalten einzelner Rollenträger, ihre Argumente sowie den gesamten Verlauf der Versammlung und das Abstimmungsergebnis. Auf diese Weise sollen sie Distanz zur übernommenen Rolle gewinnen.
7. Vergleich von Spiel- und Realsituation, evtl. aktiver Eingriff in die Realsituation	In dieser Phase sollen die Lernenden ihre eigene Planung mit realen Planungen vergleichen, indem sie Stadtplaner befragen oder Beobachtungen in der Innenstadt durchführen. Insbesondere bei noch nicht abgeschlossenen Vorhaben bestünde darüber hinaus die (bei *Haubrich* allerdings nicht vorgesehene) Möglichkeit, daß Schüler über Leserbriefe, Diskussion mit den Betroffenen und/oder den Entscheidungsträgern aktiv in den Planungsprozeß eingreifen.

Das dargestellte Konferenzspielkonzept kann als Kombination aus einer Fallstudie (vgl. *Kaiser*, 1976) und einem Rollenspiel angesehen werden. Es vermag die Schwächen beider Unterrichtsverfahren durch ihre jeweiligen didaktischen Vorzüge zu kompensieren:
Während eine Fallstudie sich vornehmlich dafür eignet, einen reflektierten Prozeß der *Willensbildung* in Gang zu setzen, wird im Rollenspiel vor allem der Prozeß der *Willensdurchsetzung* simuliert. Erst wenn beide Prozesse ineinandergreifen, kann von einem umfassenden Entscheidungs- und Hand-

lungstraining gesprochen werden (vgl. auch *Buddensiek*, 1979, S. 170 – 186). Konferenzspiele der dargestellten Art bieten in erster Linie die Möglichkeit, bislang ungelöste regionale Probleme im Unterricht aufzugreifen, wobei die notwendigen Hintergrundinformationen entweder über aktuelle Zeitungsberichte oder über Erkundungen oder Befragungen eingeholt werden können. Auf diese Weise lassen sich insbesondere regionalpolitische Inhalte praxisnah aufarbeiten.

Denkbare Unterrichtsthemen könnten z. B. sein:
- Umstrittener Bebauungsplan für Stadtteil X
- Gefährdung von Grüngürteln und Erholungsgebieten unserer Stadt
- Umstrittene Industrieansiedlung in ...
- Wohnstraße oder Durchgangsstraße?
- Spielplatz oder Parkplatz?
- Sanierung der Innenstadt – wie und für wen?

Neben diesen regionalpolitischen Themen ist eine Palette weiterer Konferenzthemen denkbar, die sich immer dann relativ schnell als Simulationsspiele aufarbeiten lassen, wenn geeignete Medien (a) für die Ausgangssituation und (b) für die notwendigen Hintergrundinformationen zur Verfügung stehen.

4.7 Anmerkungen

[1] Mit dieser Situationsbeschreibung werden Erfahrungen skizziert, die der Verfasser beim Einsatz der Brettspiele „*Umweltschutz*" und „*Lohn und Gewinn*" (vgl. Literaturverzeichnis) im Unterricht verschiedener Haupt- und Realschulklassen gesammelt hat.

[2] Diese Situationsbeschreibung charakterisiert einen Spielverlauf, der bei *offen* strukturierten Rollenspielen auftritt, wie sie z. B. in dem Buch von *Shaftel/Shaftel* (1973) beschrieben werden. Davon zu unterscheiden ist der weitgehend determinierte Spielverlauf von geschlossenen Rollenspielkonzepten mit festgelegtem Argumentationsverlauf (vgl. z. B. die Rollenspiele von *Broich*, 1979 sowie Punkt (2) im Abschnitt 4.3).

[3] Vgl. dazu auch das Unterrichtsverlaufskonzept im Abschnitt 4.5.

[4] Diese Forderung läßt sich allerdings nur dann realisieren, wenn die Simulationsspielkonstrukteure die vorgenommenen Perspektivierungen offenlegen oder zumindest nicht verschleiern, wie dies beispielsweise beim Brettspiel „Das Wirtschaftsspiel" geschieht (vgl. dazu auch die Kritik in *Buddensiek/Kaiser/Kaminski*, 1980, S. 109 – 111).

[5] Das Problem der Verselbständigung von Modellen wird ausführlicher dargestellt in *Buddensiek/Kaiser/Kaminski*, 1980, S. 98 – 114 sowie in *Buddensiek*, 1979, S. 127 – 132.

4.8 Literaturverzeichnis

Broich, J.: Arbeitsrecht – Rollenspiele für Lehrlinge und Schüler. Bensheim: päd. extra buchverlag [4] 1979.

Buddensiek, W.: Pädagogische Simulationsspiele im sozio-ökonomischen Unterricht der Sekundarstufe I. – Theoretische Grundlegung und Konsequenzen für die unterrichtliche Realisation. Bad Heilbrunn: Klinkhardt 1979.

Buddensiek, W./Kaiser, F.-J./Kaminski, H.: Grundprobleme des Modelldenkens im sozio-ökonomischen Lernbereich. In: *Stachowiak, H.* (Hrsg.): Modelle und Modelldenken im Unterricht. Bad Heilbrunn: Klinkhardt 1980.

Das Wirtschaftsspiel – Der Markt für alle. Hrsg.: *G. Krummacher KG.* 5205 St. Augustin/ Sieg 3.

Daublebsky, B.: Spielen in der Schule. Vorschläge und Begründungen für ein Spielcurriculum. Stuttgart: Klett 1973.

Fritz, J.: Soziale Spiele für die Schule – eine Literaturübersicht. In: Westermanns Pädagogische Beiträge, 33 (8/1981), S. 342 – 348.

Gudjons, H.: Praxis der Interaktionserziehung. Bad Heilbrunn: Klinkhardt 1978.

Halbfas, H.: Magister ludens. In: *Halbfas, H./Maurer, F./Popp, W.* (Hrsg.): Spielen, Handeln und Lernen. Reihe: Neuorientierung des Primarbereichs, Bd. 6 Stuttgart: Klett 1976.

Hallo Boß – Ein Wirtschaftsspiel für die Schule. Stuttgart: Klett 1971.

Haubrich, H. (Hrsg.): Westermann-Planspiele: 1. Fußgängerbereiche (Verf.: *H. Haubrich,* 1974) 2. Autobahnbau (Verf.: *J. Nebel,* 1975) 3. Erholungsraum (Verf.: *A. Brucker,* 1975) 4. Flurbereinigung (Verf.: *A. Brucker,* 1975) 5. Kernkraftwerk (Verf.: *H. Nolzen,* 1976) Braunschweig: Westermann 1974 – 1976.

Hering, W.: Spieltheorie und pädagogische Praxis. Düsseldorf: Schwann 1979.

Kaiser, F.-J.: Entscheidungstraining. Die Methoden der Entscheidungsfindung: Fallstudie – Simulation – Planspiel. Bad Heilbrunn: Klinkhardt [2] 1976.

Lehmann, J. (Hrsg.): Simulations- und Planspiele in der Schule. Reihe: Forschen und Lernen Bd. 3. Hrsg.: *F.-J. Kaiser.* Bad Heilbrunn: Klinkhardt 1977.

Lohn und Gewinn – Simulationsspiel von *W. Buddensiek.* Spielmaterialien und Unterrichtskonzept. In: *Buddensiek:* Pädagogische Simulationsspiele . . . S. 251 – 316. (Bezug von Spielbrettern im DIN-A3-Format über den Verfasser.)

Röhrs, H.: Spiel und Sportspiel – ein Wechselverhältnis. Hannover: Schroedel 1981.

Röhrs, H. (Hrsg.): Das Spiel – ein Urphänomen des Lebens. Wiesbaden: Akademische Verlagsgesellschaft 1981.

Salzmann, Ch.: Die Bedeutung des Modellbegriffs in Unterrichtsforschung und Unterrichtsplanung. In: *Roth, L./Petrat, G.:* Unterrichtsanalysen in der Diskussion. Hannover: Schroedel 1974, S. 171 – 205.

Shaftel, F. R./Shaftel, G.: Rollenspiel als soziales Entscheidungstraining. Völlig neubearbeitet und übersetzt von *Chr. u. W. Weinmann.* München – Basel: Reinhardt 1973.

Scheuerl, H.: Das Spiel. Untersuchungen über sein Wesen, seine pädagogischen Möglichkeiten und Grenzen. Weinheim: Beltz [9] 1973.

Stachowiak, H. (Hrsg.): Modelle und Modelldenken im Unterricht. Bad Heilbrunn: Klinkhardt 1980.

Taylor, J. L./Walford, R.: Simulationsspiele im Unterricht. Ravensburg: Maier 1974.

Umweltschutz – Ein spannendes Gesellschaftsspiel für 4 – 5 Mitspieler. Deutsche Bearbeitung des Planspiels „The Pollution Game" von *J. Busch* und *F.-J. Kaiser.* Esslingen 1972. – Schulausgabe: Stuttgart: Klett 1973.

Woesler, D. M.: Spiele, Feste, Gruppenprogramme. Frankfurt: Fischer Taschenbuch 1978.

Dieter Beumer, Dipl.-Päd., Jg. 1936,
Leiter einer Hauptschule
in Oer-Erkenschwick

Anschrift:
Koppenborgsweg 4
4250 Bottrop

Wichtige Publikationen

Politisches Bewußtsein als Unterrichtsgegenstand (Ein Beitrag zur Meinungsbildung und Meinungsmanipulation in der Weimarer Republik und im Dritten Reich). Ratingen – Kastellaun – Düsseldorf: Henn 1974.
Microteaching in der 2. Phase der Lehrerausbildung. In: Neue Unterrichtspraxis (3/1975), S. 156 ff.
Der Kultusminister – ein Radikaler? In: neue deutsche schule, 28 (22/1976), S. 405 ff.
Die Unterrichtsinhalte der Hauptschule im Urteil ihrer Schüler. In: Die Deutsche Schule, 73 (12/1981), S. 746–756.

5 Methoden der vierpoligen Interaktion

Die Lehrerdarbietung (9), die Schülerdarbietung (10) und das Experiment (11)

Dieter Beumer

5.1 Unterrichtsbeispiele

Beispiel 1: Physik in einer sechsten Klasse. Der Lehrer führt das Demonstrationsexperiment „Die brennende Kerze im Wasserglas" durch (Bild 2): Mit Hilfe einer Glasplatte, vor der eine brennende Kerze und hinter der ein volles Wasserglas mit einer nicht brennenden Kerze postiert ist, wird der Eindruck erzeugt, eine Kerze brenne *im* Wasserglas. Alle Schüler folgen gebannt dem Experiment. Keiner sagt etwas, auch der Lehrer schweigt. Danach folgen erste Vermutungen einzelner Schüler. In einem Lehrgespärch wird sodann das Phänomen erklärt.
Beispiel 2: Religionsunterricht in einer siebten Klasse. Thema: „Jugendreligionen". In einer einleitenden Phase werden Informationen gesammelt. Die Kinder tragen zusammen, was sie schon wissen. Mehrmals hintereinander fällt das Wort „Sekte". Da fragt ein Schüler, was das Wort denn eigentlich dem Wortsinne nach bedeute. Und er setzt hinzu: „Ich meine, wie das Wort entstanden ist." Die Lehrerin erklärte nun kurz, daß Sekte von secare = abschneiden abgeleitet, und daß secta also ursprünglich die von den großen Religionsgemeinschaften abgetrennte Gruppe von Gläubigen sei.
Beispiel 3: Wirtschaftslehre in einer neunten Klasse. Das Thema der Reihe lautet: „Unterschiedliche Auswirkungen der Massenmotorisierung auf und für den Menschen." Am Anfang der zweiten Stunde der Reihe stehen die Präsentationen unterschiedlicher Hausaufgaben verschiedener Gruppen: Unter Zuhilfenahme von großformatigen Tabellen und Schaubildern informieren jeweils zwei Schüler der Gruppen über die Verkehrsdichte Bottrops, die Anzahl der Kfz-Betriebe in der Stadt usw., und eine Gruppe stellt eine Tonaufzeichnung vor: Geräusche fließenden Verkehrs, aufgenommen zu präzise festgehaltenen Zeiten bei geöffneten Fenstern in den Wohnräumen mehrerer Schüler der Klasse (Bild 3).
Beispiel 4: Musikunterricht in einer vierten Klasse. Thema der Stunde: *Carl Loewes* Vertonung der Ballade „Die Heinzelmännchen von Köln". Im letzten Abschnitt der Stunde setzt sich die Lehrerin ans Klavier und spielt hintereinander die Begleitungen von drei Strophen (beim Bäcker, beim Schneider, beim Verlassen der Schneiderei). Die Schüler haben Arbeitsblätter vor sich und ordnen die Begleitungen den Abbildungen zu, die für die einzelnen Strophen stehen.
Beispiel 5: Wirtschaftslehre in einer sechsten Klasse. Thema: „Die Bedeutung von Bedürfnissen als Funktionen der Situationen, in denen sie auftreten." Der Lehrer beginnt die Stunde mit der mündlichen Beschreibung einer fiktiven und als fiktiv den Schülern vorgestellten Situation: Ballonfahrer ge-

raten in Not. Sie führen eine ganze Reihe unterschiedlicher Güter (u. a. Bier, Wasser, Zeitschriften, ein Eßpaket, Kassettenrecorder, Pullover) mit sich und müssen nun entscheiden, von welchen Gegenständen sie sich trennen wollen und welche sie zum Überleben brauchen.

In allen fünf Beispielen handelt es sich um *Darbietungen.* Sie dienen im folgenden dem Versuch, zu einer Systematik der Schüler- und Lehrerdarbietung zu gelangen (5.2). In einem weiteren Abschnitt (5.3) werden dann einige methodische Hilfen für die Schüler- und Lehrerdarbietungen entworfen. Aus Platzgründen gehe ich auf das Experiment nur en passant ein.

5.2 Arten der Darbietung und ihre Funktionen

Aebli unterscheidet als Hauptkategorien der Darbietung das Erzählen und Referieren sowie das Vorzeigen [1], das er nochmals unterteilt in die Demonstration und das „nachahmende Üben". Dabei denkt er, da er Grundformen des *Lehrens* beschreibt, ausschließlich an *Lehrer*darbietungen. Seine Überlegungen zur Methodik der einzelnen Unterrichtsformen sind als Handlungshilfen für Lehrer zu verstehen. Gleichwohl enthalten sie wertvolle Hinweise für alle Darbietungen im Unterricht – ob sie nun von Lehrern oder von Schülern vermittelt werden. Indem *Aebli* sich jedoch nicht nur mit der Methodik der Darbietung auseinandersetzt, sondern in einem nächsten Schritt die „Mitarbeit der Klasse im Rahmen der Erzählung" [2] darstellt, entwirft er methodische Hilfen gerade für jene vierpoligen Interaktionsformen, die auf die Darbietung folgen. Jene Darbietungsformen, die irgendwo zwischen dem Erzählen/Referieren und dem Vorzeigen angesiedelt sind, also etwa gesangliche und instrumentale Darbietungen im Musikunterricht, klammert *Aebli* aus.

Bild 1

Eine umfassendere Übersicht legt *Giera* [3] uns vor: „Spannende, anschauliche Schilderung, sachliche Darstellung, logisch folgernde Argumentation; freies Vorsprechen oder Vorlesen eines Gedichtes oder Prosatextes, Musterinterpretation oder -übersetzung; Rollenspiel, Darbietung in Musik, Kunst und Sport; Einführung in einen Problemkreis, Orientierung, Beschreibung einer Apparatur oder Versuchsanordnung, Erläuterung einer Verfahrensweise oder Arbeitstechnik; Vorführung eines Experiments ohne Kommentar." Nicht ganz einzusehen ist, warum er das Rollenspiel zur Lehrerdarbietung zählt. Als Beispiele für Schülerdarbietungen findet man bei *Giera* „Referat, Vorführung, kommentierte Versuchsgestaltung" [4]. Seine Aufstellung ist insgesamt umfassend. Aber sie ist insofern ungenau, als sie einerseits Phänomene nennt (sachliche Darstellung, Vorlesen eines Gedichts) und andererseits deren Funktionen (Einführung in einen Problemkreis, Orientierung, Musterinterpretation). So kann die anschauliche Schilderung der Arbeit an einem Hochofen sowohl einführen in den Problemkreis „Situation des Arbeiters in der Schwerindustrie" als auch eine Orientierung geben über den Schmelzprozeß. Auch „Vortrag, Vorführung und Experiment", die von *Giera* [5] verwandten Oberbegriffe, verhelfen noch nicht zur einer Strukturierung des Begriffs Darbietung.

Der folgende eigene Versuch, zu einer solchen Begriffsstrukturierung zu gelangen (Abb. 1, S.76), orientiert sich an der *Dale*schen Medientaxonomie [6]. Denn auch die Darbietung ist eins von vielen denkbaren Unterrichtsmedien. *Dale* hat sie nach dem Grad ihrer Anschaulichkeit gestuft vom Konkreten und Realen (der Sache selber) bis hin zum Abstrakten (der Sprache). Beispiel: Will ich Schülern Wissen über die Bestandteile der Blüte vermitteln, so ist eine reale Tulpenblüte das denkbar konkreteste und anschaulichste Medium; es läge nach *Dale* am Fuße des Erfahrungskegels. Die abstrakteste Form der Wissensvermittlung wäre in diesem Fall ein Text ohne jede Illustration über die Bestandteile einer Blüte. Dieser Text würde nach *Dale* die Spitze des hier denkbaren Erfahrungskegels bilden, und zwischen diesen beiden Extremen lägen nun Modell, Dia, Dia-Vortrag/Film und Text mit Abbildungen.

Bild 2

Abb. 1:

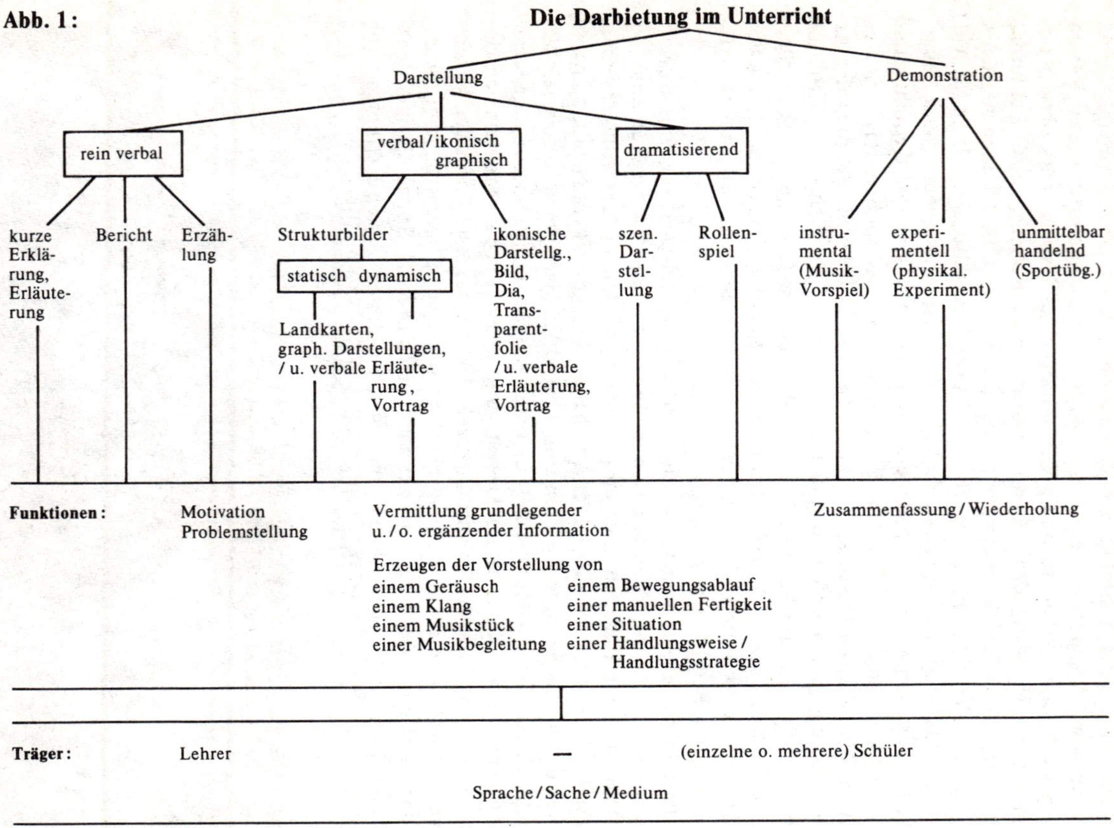
Die Darbietung im Unterricht
Darstellung
Demonstration
rein verbal
verbal / ikonisch graphisch
dramatisierend
kurze Erklärung, Erläuterung
Bericht
Erzählung
Strukturbilder
statisch dynamisch
Landkarten, graph. Darstellungen, / u. verbale Erläuterung, Vortrag
ikonische Darstellg., Bild, Dia, Transparentfolie / u. verbale Erläuterung, Vortrag
szen. Darstellung
Rollenspiel
instrumental (Musik-Vorspiel)
experimentell (physikal. Experiment)
unmittelbar handelnd (Sportübg.)
Funktionen:
Motivation Problemstellung
Vermittlung grundlegender u. / o. ergänzender Information
Zusammenfassung / Wiederholung
Erzeugen der Vorstellung von
einem Geräusch
einem Klang
einem Musikstück
einer Musikbegleitung
einem Bewegungsablauf
einer manuellen Fertigkeit
einer Situation
einer Handlungsweise / Handlungsstrategie
Träger:
Lehrer
—
(einzelne o. mehrere) Schüler
Sprache / Sache / Medium

Überträgt man nun das *Dale*sche Stufungsprinzip auf die Darbietung im Unterricht, so gelangt man zu der Strukturierung, die der Abb. 1 zugrundeliegt. Auf der Basis des Erfahrungskegels, der in der Darstellung rechts läge, wäre die unmittelbar handelnd durchgeführte Demonstration einzuordnen. Hierhin gehören zum Beispiel die Demonstration eines Sprungs oder Wurfs im Sportunterricht, einer bestimmten Pinselführung im Kunst-, eines Handgriffs im Technikunterricht. Die nächste Form der Darbietung wäre sodann das Demonstrationsexperiment, vor allem im Physik-, aber auch – als Farbexperiment – im Kunstunterricht. Gegenüber der unmittelbar handelnd vollzogenen *Demonstration* hat das physikalische Experiment mit den eigens dazu hergestellten Instrumenten eher Modellcharakter. Anders wäre es, wenn eine reale Handlung (z. B. Versuch, an einem Fahrrad die Beleuchtung zu installieren) den Einstieg in ein physikalisches Problem bietet.

Der Gattung der Demonstrationen ist auch das Vorspielen auf einem Musikinstrument als dritte non-verbale Darbietungsform zuzuordnen. Die verbalen und/oder graphischen einschließlich der bildlichen Darbietungsformen werden in der Abbildung *Darstellungen* genannt. Hierunter fallen alle Darbietungen, die nicht die Sache selbst unmittelbar *vorzeigen*, sondern einen *Eindruck von* ihr *vermitteln.* Dieses Vermitteln geschieht dort am anschaulichsten, wo ein Vorgang gespielt wird, wo also Mimik, Gestik und Aktion zusammen mit der Sprache eingebracht werden, nämlich im Rollenspiel und in der szenischen Darstellung (in der, anders als im Rollenspiel, nicht nur die Rollenbeschreibungen, sondern darüber hinaus der genaue Ablauf, meist sogar der wörtliche Text vorgegeben sind). Es folgen – dem Grad ihrer Anschaulichkeit entsprechend – das Bild, auch als Dia, als Transparentfolie und Tafelzeichnung, mit oder ohne begleitenden Lehrervortrag, und, ebenfalls mit oder ohne begleitendes Lehrerwort, die Strukturbilder (Landkarte, Diagramm usw.). Mit „dynamisch" ist hier (Abb. 1) gemeint, daß der Lehrer sie vor den Augen der Schüler entstehen läßt, und als „statisch" werden jene Strukturbilder bezeichnet, die in dem Augenblick, in dem sie der Klasse gezeigt werden, schon fertig sind.

Bild 3

Auf der gleichen Ebene mit Bericht und Erzählung befinden sich Vortrag und Vorlesen eines Gedichtes oder eines Prosatextes. Die Kurzerklärung (hier: im Beispiel 2) ohne begleitende zeichnerische Erläuterung liegt an der Spitze des Erfahrungskegels, hat also die höchste Abstraktionsstufe. Die Anschaulichkeit der Sprache ist darum gerade hier besonders wichtig als das einzige Hilfsmittel des Lehrers, seine Darbietung verständlich zu machen.

Bild 4

Was nun die Funktionen der einzelnen Darbietungsformen betrifft, so werden sie bewußt in der Abb. 1 nur additiv aufgezählt, nicht aber zugeordnet. Denn grundsätzlich kann jede Art der Darbietung mehrere, oft sogar alle genannten Funktionen erfüllen. Dagegen läßt sich zumindest eine grobe Einteilung vornehmen nach Funktionen, die vorwiegend der Lehrer- und solchen, die vorwiegend der Schülerdarbietung zukommen. Erstere dient häufig der Impulsgebung, der Problemstellung, der kurzen eingestreuten Erläuterung, der Motivation, seltener wohl der Lernzielkontrolle, wie im 4. Beispiel. Gerade diese Funktion kann aber auch eine Schülerdarbietung ausnahmsweise einmal erfüllen, wenn etwa im Sportunterricht fehlerhafte Bewegungsvorbilder einzelner Schüler von den Mitschülern korrigiert werden. Pädagogisch vertretbar ist dies Verfahren allerdings nur, solange man als Lehrer nicht auf total mißlungene Übungen schwacher Sportler zurückgreift.
Häufiger jedoch haben Schülerdarbietungen die Funktion,

- die Lösungen gestellter Aufgaben zu vergleichen (worunter auch experimentelle Lösungen im Physikunterricht fallen);
- für eine nachzuahmende Fähigkeit oder Fertigkeit ein Handlungsvorbild zu schaffen;
- Antworten auf gestellte Fragen, Informationen zu einem Problembereich zu geben;

- für bestimmte Konfliktsituationen Verhaltensmuster und Verhaltensstrategien zu entwerfen (z. B. in Form eines Rollenspiels);
- mit einem Sachverhalt zu konfrontieren, der den Einstieg in einen Problemkreis eröffnet (Beispiel: Zu Beginn einer Unterrichtsreihe über „Konflikte im Alltag" berichten Schüler über ihre Erfahrungen im Umgang mit Erwachsenen).

Neben diesen Funktionen, die die Schülerdarbietung im Hinblick auf das Unterrichtsziel (genauer: auf die inhaltlichen Lernziele) haben, gibt es noch eine weitere wichtige Funktion, auf die *Giera* [7] hinweist: „Für die Schülerdarbietung ... gelten ähnliche Gesichtspunkte wie für die Lehrerdarbietung. Im Unterschied zum Lehrer, für den die Darbietung nur den Zweck des Lehrens erfüllt, vereinigt die Schülerdarbietung zwei Aspekte: den des Lehrens (Informationsweitergabe) *und* des Lernens (Training)." Es haben also das Rollenspiel ebenso wie das Referat, die Demonstrationsübung im Sport nicht minder als die Darstellung einer mathematischen Lösung immer zugleich die Funktion, dem darbietenden Schüler die Anwendung einer Fähigkeit zu ermöglichen.

5.3 Methodische Hilfen

Der seinen Unterricht planende Lehrer ist dort, wo es um methodische Entscheidungen im Zusammenhang mit der Darbietung geht, mit zwei Leitfragen konfrontiert: 1. Um welche unterrichtliche Funktion geht es, und welche Form der Darbietung ist geeignet, diese Funktion am besten zu erfüllen? (5.3.1) 2. Wie plane ich die Darbietung, damit der Schritt von der zwei- zur vier- bis fünfpoligen Interaktionsform gelingt? (5.3.2) Unterrichtsentwürfe enthalten neben oft sehr ausführlichen Darstellungen der unterrichtlichen Absichten (Lernziele/Thematik) in ihren Überlegungen zur Methode nur selten oder nie eine Auseinandersetzung mit diesen beiden Fragen. Meist wird ein einziger Aspekt herausgestellt, und das ist in der Regel die Sozialform. Die Verlaufsbeschreibung weist sodann in der Spalte „didaktisch-methodischer Kommentar" (oder neuerdings: „Kommentar/Planungsvarianten") nur eine lapidare Nennung auf, z. B. „Frontalunterricht". Und Mißerfolge bei oder nach Darbietungen im Unterricht haben ihre Ursachen nur zu oft darin, daß das komplexe Geflecht von Funktionen, Interaktionsform und methodischen Voraussetzungen bei der Planung nicht bedacht wurde.

5.3.1 Zur Frage, wann welche Darbietungsform nicht geeignet ist

Wie eine Planung aussehen kann, die die eben genannten Faktoren berücksichtigt, sei anhand des 5. Unterrichtsbeispiels beschrieben. Dort heißt es zunächst im Entwurf: „Ziel der heutigen Stunde ist es, den Schülern die Situationsbedingtheit von lebensnotwendigen Bedürfnissen zu vermitteln ... Durch zwei Modellsituationen soll den Schülern dieser Sachverhalt einsichtig gemacht werden. In einem Beispiel besteht eine lebensbedrohende Situation, die die handelnden Personen zwingt, zunächst für die Befriedigung lebensnotwendiger Bedürfnisse zu sorgen, weil ein Mangel an entsprechenden Gütern zu erwarten ist.

Die zweite Situation ist so angelegt, daß diese Notwendigkeit nicht besteht; kann man sich doch im Laden um die Ecke neu versorgen." Hier sind die Funktionen der beiden Darbietungen innerhalb der Unterrichtsstunde klar herausgestellt: Es geht darum, zwei Situationen zu veranschaulichen, die der Problemstellung dienen sollen. Als Darbietungsart wählte der Lehrer für die erste Situation den mündlichen Kurzbericht. Ohne Personifizierung; denn die zu fällende Entscheidung ist situationsabhängig (welche Dinge verhelfen an diesem Ort und bei diesen Witterungsverhältnissen zum Überleben?). Ohne Ausschmükkung; sie würde nur ablenken, und der Adressat ist zudem eine Klasse, die es bereits gelernt hat, solche ihr vorgestellten Modellsituationen auf ihren Problemkern hin zu analysieren, sofort auf ihn einzugehen und Lösungsvorschläge zu machen. (Diese Überlegungen waren nicht im schriftlichen Entwurf dargelegt, sondern wurden in der anschließenden Besprechung vom Lehrer wiedergegeben.) Aus einem *6. Beispiel* – Wirtschaftslehre/Kl. 6; Thema: „Unterschiedliche subjektive Bedürfnisse lösen einen Konflikt aus" – sei nunmehr noch zur Ergänzung die Begründung für eine andere Darbietungsform wiedergegeben. Hier entschied sich der Lehrer für eine Hörszene, in der ein Großvater „seinen" Beethoven zu nachmittäglicher Stunde hören will und dabei mit dem Tür an Tür wohnenden Enkel kollidiert, der, nach sechs Stunden Unterricht, jetzt „seine" Dschingis-Khan-Platte hören möchte. Es kommt zu einem Streit, und die Szene endet mit dem Ausruf der Mutter: „So geht es nicht!"

Auch hier ist die Darbietung so angelegt, daß sie in eine Problemsituation einführt, die Motivation zu Beginn der Stunde sichert und mit einer offenen Frage endet, nämlich: wie geht es jetzt weiter? Anders als im 5. Beispiel haben aber subjektive Momente eine entscheidende Bedeutung. Interessant und motivierend ist der Fall für die Schüler, weil sie sich mit einer der handelnden Personen identifizieren. Diese Identifikation erreicht die Darbietung mit verteilten Rollen besser, als es eine sachliche Schilderung schaffen würde. Gegenüber einem Rollenspiel hat die Hörszene mit genau festgelegtem Text in dieser Phase des Unterrichts den Vorteil, kurz und prägnant das Problem bewußtzumachen.

Anders als in den beiden eben beschriebenen Beispielen werden Darbietungsformen (und auch andere Methoden) oft nicht nach bestimmten Kriterien, sondern nach dem Zufallsprinzip ausgewählt. So ist eins der gerne übersehenen Kriterien das des Zeitaufwands: Lohnt es sich, dauert es nicht zu lange, eine Hörszene zu erstellen? Wer achtundzwanzig Wochenstunden vorzubereiten hat, der gehorcht notgedrungen oft mehr als dem Primat der Zielentscheidungen dem Primat der Zeitknappheit. Sie wird beim täglichen Geschäft der Unterrichtsplanung oft zum bedeutsamsten Faktor (auch und obwohl sie in keiner mir bekannten Didaktik als Planungsfaktor genannt wird).

Wenn es um die Entscheidung für eine bestimmte Darbietungsform geht, sollte daher der Lehrer immer fragen: Welche Lernprozesse will ich in Gang setzen? Ist es erforderlich, die weniger aufwendige und meist in kürzerer Zeit zu planende mündliche Darbietung durch eine entweder anzufertigende oder aber zu beschaffende Video- oder Hörszene zu ersetzen?

Umgekehrt ist – vor allem beim Einsatz von Funk- und Fernsehaufzeichnungen – stets zu fragen, ob und bis zu welchem Punkt eine zweipolige Interaktion das methodische Optimum darstellt. Immer dann, wenn eine Schulfunk-, eine Schulfernseh- oder eine Sendung aus dem allgemeinen Programm eine grundlegende Information vermittelt oder ein Problem bewußt gemacht hat, wenn also jener von *Copei* [8] beschriebene fruchtbare Moment im Bildungsprozeß wahrscheinlich oder auch nur möglicherweise gegeben ist, dann ist im Unterricht der Zeitpunkt gekommen, da der Lernende Fragen *stellen*, nicht aber der Lehrende – selbst oder via Medium – Antworten vorgeben sollte. Hiermit sind die beiden kritischen Punkte markiert, innerhalb deren die Darbietung ihre methodischen Aufgaben erfüllt:

- Sobald ein Problem erfahrbar geworden ist, sollte sie – die Darbietung – nicht mehr fortgesetzt werden.
- Bevor aber die nötigen Informationen vermittelt sind, die man braucht, um das Problem zu verstehen, darf sie noch nicht enden.

Damit ist aber noch nichts darüber gesagt, wann und unter welchen Voraussetzungen überhaupt dargeboten werden soll und wann und unter welchen Voraussetzungen es methodisch richtiger = zweckmäßiger ist, an die Stelle der Darbietung eine andere Methode zu setzen. Denkbar wären das selbständige Lesen, Erproben oder Erarbeiten. Entscheidungshilfen sollen abgeleitet werden aus den sechs beschriebenen und einem weiteren *7. Beispiel:* Sport/ Kl. 7; Thema ist der Aufschwung vorlings rückwärts. Die Erarbeitung beginnt mit einem „Lehrervorbild zur Schaffung eines Bewegungsentwurfs". Das Demonstrationsexperiment im Beispiel 1, die Demonstration im Beispiel 7 und die instrumentale Demonstration im Beispiel 4 wären zwar durch eine mediale Darbietung zu ersetzen, übertreffen diese jedoch an Anschaulichkeit, weil sie eine unmittelbare Erfahrung anstelle einer nur mittelbaren ermöglichen. Die auf Befragen der Schüler innerhalb einer Erarbeitungsphase gegebene Erläuterung eines Begriffs (Beispiel 2) ist die für die gesamte Klasse *schnellstmögliche* und daher durch nichts zu ersetzende Lernhilfe.

Unmittelbarkeit der Anschauung als Indikator größtmöglicher Anschaulichkeit und die Unterrichtsökonomie (Zeitfaktor) sind folglich zwei erste Kriterien für die Frage, wann die (Lehrer- oder Schüler-)Darbietung die geeignetere von mehreren denkbaren Methoden ist. Eine Einschränkung muß dabei jedoch im Hinblick auf die Demonstration im Sportunterricht gemacht werden: Sobald es darauf ankommt, die Feinstruktur eines Bewegungsablaufs zu zeigen, vermittelt die Zeitlupenwiedergabe eines Films den besseren Eindruck als die Demonstration eines Mitschülers oder des Lehrers.

Zwischen der unmittelbar handelnd vollzogenen Demonstration und der verbalen Darstellung als Darbietungsform liegt das Vorsprechen im Fremdsprachenunterricht, das meist eine Doppelfunktion hat: den Wortklang sowie die Sprechtechnik, diesen Klang zu erzeugen, und die Wortbedeutung soll der Schüler zugleich erfahren: Wortklang und Wortbedeutung können etwa durch die Verbindung von Bild und Tonband (native speaker!) optimal vermittelt werden. Die Sprechtechnik = Aussprache hingegen kann der Lehrer seine Schüler am wirkungsvollsten erfahren und nachvollziehen lassen, wenn er hintereinander mit mehreren einzeln das Aussprechen übt, also ihnen vorspricht und sie nachsprechen läßt. Hier ist es neben dem Zeitfaktor und der Unmittelbarkeit der Anschauung die Möglichkeit der unverzüglichen Rückmeldung an den Schüler, gegebenenfalls der Korrektur, die eine Demonstration sinnvoll erscheinen läßt.

Schwieriger scheint es hingegen, für die Frage nach der Zweckmäßigkeit anderer Darbietungsformen, insbesondere für die beiden Darstellungsarten „Bericht/Erzählung“ (Abb. 1) und den auf gleicher Ebene einzuordnenden Gedicht- oder Prosavortrag Kriterien zu finden. Der Versuch, solche Kriterien aufzustellen, soll an dem bereits beschriebenen 3. und den folgenden Beispielen 8, 9, 10 gezeigt werden.

Beispiel 8: Deutsch in einer 8. Klasse. Thema ist *Brechts* „An meine Landsleute“. Alternative Methoden: Gemeinsames Erlesen – Stilles Erlesen jedes einzelnen Schülers – Lehrervortrag.

Beispiel 9: Geschichte in einer 5. Klasse. Thema: „Die antiken olympischen Spiele“. Alternative Methoden: Geschichtserzählung – Erarbeitung anhand von Quellentexten/Abbildungen.

Beispiel 10: Geschichte in einer 9. Klasse. Thema: „Das Ermächtigungsgesetz“. Alternative Methoden sind Lehrervortrag – Erarbeitung anhand von Quellen – Darbietung eines Tondokuments (*Wels*-Rede).

Vergleicht man die Beispiele miteinander, so fällt zuerst auf, daß man die Frage “Darbieten oder nicht darbieten“ eindeutig nur im Falle des 3. Unterrichtsbeispiels beantworten kann: Schüler haben Informationen zu einzelnen Fragen gesammelt und stellen ihre Arbeitsergebnisse der Klasse vor. Sie tun dies, indem sie berichten, was am besten und leichtesten mündlich wiedergegeben werden kann; indem sie Graphiken und Skizzen vorzeigen, die veranschaulichen, was berichtet wird; indem sie Tonaufzeichnungen, die sie gemacht haben, vorspielen (Verkehrsgeräusche). Jede andere Form der Informationsvermittlung, etwa: schriftliche Texte abzufassen und den Mitschülern vorzulegen, damit diese sie still lesen, wäre künstlich.

Ganz anders die Beispiele 9 und 10: Hier wird *nicht* eine *unmittelbar* gemachte Erfahrung weitergegeben, sondern es wird eine bereits *vermittelte* Erfahrung (vermittelt in Geschichtsbüchern, in Quellentexten und Abbildungen) weitergegeben – durch den Lehrer. Ob dies nun, insbesondere im Geschichtsunterricht, genauer: in der einzelnen Geschichtsstunde, durch eine Erzählung, einen Bericht, ein audiovisuelles Medium oder durch Quellenmaterial geschieht, das hängt von den didaktischen Vorentscheidungen ab. Diese können allerdings nicht einfach und ausschließlich wie bei *Klafki* [9] mit den Zielentscheidungen gleichgesetzt werden. Vielmehr handelt es sich um ein Geflecht von mehreren Faktoren, unter denen die Zielentscheidung nur einer ist. Das sei anhand der Beispiele 9 und 10 verdeutlicht. Wenn eine Intention des Lehrers (oder – bei Beteiligung der Klasse an der Zielentscheidung – der Schüler und des Lehrers) dahin geht, die Sportarten bei den antiken olympischen Spielen zu ermitteln, und wenn neben diesem kognitiven Ziel das selbständige entdeckende Lernen intendiert wird, dann hängt die Durchführbarkeit einer auf Arbeit an Bildquellen orientierten Geschichtsstunde davon ab, ob genügendes Bildmaterial vorhanden ist. Und wenn sich herausstellt, daß lediglich eine Diaserie greifbar ist, so entfallen Gruppen-, Partner- und Einzelarbeit aus simplen technischen Gründen. Denkbar sind statt dessen Bilddarbietung/Lehrgespräch oder eine mit Lehrerschilderungen angereicherte Darbietung der Diareihe. Geht es dem Lehrer indes mehr um Einsichten in die religiös-nationale Idee der antiken olympischen Spiele im Gegensatz zu der internationalen Idee der modernen Spiele und intendiert er wiederum selbständiges Lernen anhand von Text- und Bildquellen, so zeigt sich eine andere Schwierigkeit: Was die Geschichtswissenschaft über die Idee der antiken olympischen Spiele und ihren nationalen Charakter weiß, das ist nicht *einer* Quelle zu entnehmen, sondern beruht auf der Erforschung und Analyse einer Vielfalt von Texten antiker Autoren. Diese Arbeit nachzuvollziehen, würde den einzelnen Schüler, noch dazu den Fünftkläßler, hoffnungslos überfordern.

Die Komplexität des Arbeitsmaterials, die sich daraus ergebende Unmöglichkeit, eine Erkenntnis aus *einer* einzelnen Quelle zu gewinnen, kann also den Lehrer zwingen, sich für eine Erzählung oder für einen Bericht zu entscheiden, sei es, daß er den Text selbst entwirft, sei es, daß er einen fremden Text übernimmt. Wichtig ist, daß er *Fakten* darstellt, nicht aber die zu vermittelnde Einsicht vorformuliert.

Neben der Komplexität des Quellenmaterials kann, auch wenn *eine* einzige Quelle die selbständige Erarbeitung ermöglichen würde, diese Quelle in sprachlicher Hinsicht oder wegen ihrer Abstraktheit so viele Schwierigkeiten bieten, daß der Lehrer sie seiner Klasse nicht vorlegen kann, weil sie damit überfordert wäre. So sind also neben der Zielentscheidung die Komplexität des Materials und der sachstrukturelle Entwicklungsstand der Schüler gleichwertige Faktoren, von denen abhängt, ob der Lehrer darbietet oder erarbeiten läßt.

Vergleicht man die Beispiele 8 und 10 miteinander, so erkennt man, daß die Alternative Darbieten oder Erarbeiten im einen Fall (Beispiel 10) gleichermaßen von dem vorhandenen Arbeitsmaterial (Gesetzes- und Verfassungstexte, Zeitungsartikel, RT-Protokolle), dem Lernstand der Schüler *und* den Zielvorstellungen des Lehrers abhängt, während sie im andern Fall (Beispiel 8) beinahe ausschließlich aufgrund dieser Zielvorstellungen entschieden wird: Ob es dem Lehrer vorrangig darauf ankommt, daß die Schüler die Fähigkeit erwerben, Gedichttexte selbständig zu lesen und zu interpretieren, oder aber daß sie die Aussage *dieses Brecht*schen Gedichts verstehen und sich mit ihr auseinandersetzen, das sind die beiden hier denkbaren Zielakzentuierungen, von denen abhängt, ob der Lehrer die Darbietung oder aber eine andere Methode wählt.

Bei der Auswahl der Unterrichtsmethoden muß der Lehrer also wenigstens drei Gesichtspunkte beachten:
Erstens: Ist die ins Auge gefaßte Methode die optimale (vor allem anschaulichste) Lernhilfe?
Zweitens: Ist sie unterrichtsökonomisch (vor allem zeitfaktoriell) zu verantworten?
Drittens: Dient sie dem Gesamtgeflecht der didaktischen Entscheidungen?

5.3.2 Zur Frage, wie eine Darbietung angelegt sein muß, damit vier- bis fünfpolige Interaktionen ermöglicht werden

Soll eine Schilderung Möglichkeiten eröffnen, die Interaktion möglichst oft von der zweipoligen Form in die drei-, vier- und fünfpolige überzuleiten, so muß sie Fragen offenlassen. Der Lehrer wird also, wenn er eine Darbietung entwirft, vor allem darauf achten, nicht nur mitzuteilen, sondern auch: Mitteilungen wegzulassen.

Je mehr die Darstellung ihren Akzent im verbalen Bereich hat, desto schwerer fällt es Schülern, das Interesse und die Aufmerksamkeit der Mitschüler zu sichern, und je mehr eine Darstellung szenischen oder aber wenigstens ikonisch/graphischen *und* verbalen Charakter hat, desto eher hören und sehen die anderen zu. Wenn aber schon Sprache zum dominierenden oder aber einzigen Medium einer Darbietung wird, dann ist

- freier mündlicher Vortrag, auch in holprigem Deutsch, anschaulicher und verständlicher als ein schriftlicher Text in geschliffener Prosa, der abgelesen wird;
- das Rollenspiel, das eine Konfliktstrategie erfahrbar macht, motivierender und auch dem selbständigen Lernen förderlicher als ein Vortrag über diese Strategie.

Sehr häufig bestehen, vor allem in Fächern wie Deutsch, Religionslehre, Wirtschaftslehre und Geschichte die von Arbeitsgruppen der Klasse vorgestellten Ergebnisse aus *Texten,* die in zu kleiner, schlecht lesbarer Schrift projiziert und sodann vorgelesen werden. Der Overhead-Projektor wird dann oft zum Buchersatz, und das Ergebnis sieht so aus, wie es der Vergleich der beiden Bilder 3 und 4 verdeutlicht: Auf Bild 3 führen zwei Schüler einer Gruppe ihr Tonband vor (Wirtschaftslehrestunde/Beispiel 3). Alle Schüler sind ganz auf den Gegenstand und die beiden Mitschüler konzentriert. Auf Bild 4 sehen wir den gleichen Klassenausschnitt, diesmal einer textlichen Darbietung folgend. Mehrere Schüler sind deutlich erkennbar mit anderem beschäftigt. Dem Gegenstand und der vortragenden Schülerin sind nur noch drei Mitschüler zugewandt.

Die Chance, daß Schülerdarbietungen wirklich zum Ausgangspunkt schülerzentrierten Unterrichts werden (Interaktionsform: Lehrer – Schüler – Mitschüler – Gegenstand) hängt davon ab, daß zumindest jene schon fast standardisierten Fehler behoben werden, die das eben beschriebene Beispiel zeigt. Ins Positive gewendet kann man aus ihnen einige Regeln ableiten, deren Beachtung, wenn schon nicht die Gewähr, so doch wenigstens eine Voraussetzung bietet für das Zustandekommen einer Interaktion L-S-M-G.
1. Regel: Zu vermeiden sind Arbeitsaufträge von der Art: „Schreibt eure Gedanken auf!“ Besser ist: „Überlegt gemeinsam ... , schreibt zu jedem Gedanken ein oder zwei Stichworte auf, einer soll nachher anhand der Stichworte der Klasse eure Überlegungen mitteilen.“
2. Regel: Erhält eine Arbeitsgruppe Zahlenmaterial, so muß die Fähigkeit, eine Entwicklung als Kurve im Koordinatensystem, Anteile in Form eines Kreis- oder Säulendiagramms darzustellen, entweder schon vorhanden sein

(Lernstand!), oder aber die Schüler brauchen eine Anleitung, wie sie für ihre Mitschüler das, was sie für wichtig halten, auf einer Folie mittels OHP oder aber auf einer Wandtafel darstellen.
3. Regel: Die Verwendung mehrerer farbiger Kreide- oder Filzstifte zum Hervorheben/Unterstreichen/Einkreisen einzelner Aussagen/Zahlenangaben sollte dazu beitragen, daß unser an visuelle Hilfen gewohntes Auge auch im Unterricht auf diese Unterstützung nicht verzichten muß.
4. Regel: Schüler müssen (genau wie Lehrer!) lernen, bei ihrer Darbietung ein Problem, eine offene Frage zu akzentuieren, die sodann von der Klasse aufgegriffen und weitererörtert wird. Also: Nicht das Referieren von Ergebnissen, sondern das Darstellen von Problemen, für die man keine oder mehrere Lösungen hat, soll zum Arbeitsziel der Schülerdarbietung gemacht werden.

5.4 Anmerkungen

[1] *Aebli, H.:* Grundformen des Lehrens. Stuttgart: Klett [6] 1966, S. 19 ff. und 51 ff.
[2] *Aebli,* a. a. O., S. 36 ff.
[3] *Giera, F.:* Formen des Unterrichts. In: *E. Ahrens* (Hrsg.): Einführung in die Schulpraxis. Heidelberg: Quelle & Meyer 1974, S. 47 ff.
[4] *Giera,* a. a. O., S. 49 ff.
[5] *Giera,* a. a. O., S. 48.
[6] Dargestellt u. a. bei: *Hoffbauer, H.:* Entscheidungshilfen zum Problem der Medienwahl. In: Die Deutsche Schule, 66 (7,8/1974), S. 551 – 564.
[7] *Giera,* vgl. Anm. 3, a. a. O., S. 49.
[8] *Copei, F.:* Der fruchtbare Moment im Bildungsprozeß. Heidelberg: Quelle & Meyer [1] 1950; [7] 1963.
[9] *Klafki, W.:* Zum Verhältnis von Didaktik und Methodik. In: Probleme stufenbezogener Didaktik I (Tagungsbericht 64 des Landesinstituts für Curriculumentwicklung, Neuss [6] 1979), S. 43 ff. (49 f.).

Friedhelm Kammann, Jg. 1927,
nach Schulleiter- und Seminarleitertätigkeit,
Leiter der Abteilung Information und
Dokumentation am Deutschen Zentrum
für Handwerk und Denkmalpflege, Propstei
Johannesberg, Fulda e.V.
Seit 1991 im Ruhestand und freier
Mitarbeiter in der Propstei Johannesberg.

Anschrift:
Stättnerrain 11a
6412 Gersfeld/Rhön

6 Methoden der vierpoligen Interaktion

Das entwickelnde Lehrgespräch (12), das lockere Unterrichtsgespräch (13), die Diskussion (14), das Rundgespräch (15) und die Debatte (16)

Friedhelm Kammann

6.1 Methode und Problem

Das Gespräch ist eine der ältesten Formen, in denen sich Menschen mitgeteilt, Meinungen ausgetauscht, Ansichten begründet und sich auch gegenseitig etwas beigebracht haben. Überall gibt es das Gespräch, und überall beobachten wir, daß man das Gespräch lernen muß, und offensichtlich tun wir heute nicht genug, um Menschen gesprächsfähig zu machen. In der Schule fehlt eine intensive Einübung in das Gespräch und seine Besonderheiten und Möglichkeiten sehr häufig.

Gesprächspflege und die Anwendung des Gesprächs als Methode sind schon lange wichtige Bestandteile von Didaktiken und Methodiken gewesen. Wenn man aber das, was in Unterrichtsvorbereitungen „Unterrichtsgespräch" genannt wird, genau besieht, entpuppt es sich eher als ein Rede- und Antwortstehen, ein spontanes Erzählen oder das beliebte „fragend-entwickelnde Verfahren". „Es bleibt ... immer weniger Zeit für immer mehr Themen, und dabei werden Techniken eben leicht als Selbstverständlichkeiten, denen man keine Aufmerksamkeit zu widmen braucht, abgetan." [1] Als ich in *Wilhelm Büngers* Schule zum ersten Male eine Klasse übernahm, fand ich dort die methodische Vielfalt vor, die heute nicht mehr selbstverständlich ist. Und zuerst lernte ich:

1. Schüler können und wissen schon eine Menge. Schüler haben uns und sich viel zu sagen. Schüler haben viele Fragen.
2. Über Ziele, Inhalte, Beziehungen und Störungen verhandeln Schüler und Lehrer am besten in gemeinsamen Gesprächen, wenn erfolgreich gelernt werden soll.
3. Unterrichtsgespräche eignen sich als Lehr-/Lernhilfe für die verschiedensten Stationen, Situationen und Aufgaben im Lernweg.
4. Raum und Einrichtung sind Beeinflussungsfaktoren, die ich als planender Lehrer berücksichtigen muß. Raum und Einrichtung muß ich verändern und an meine Methode anpassen können.

(Und deshalb gingen wir im Sommer oft mit unseren Stühlen in den Garten oder in eine Schulhofecke, um dort unser Unterrichtsgespräch zu führen.)

Das Unterrichtsgespräch, bei dem die Schüler im Kreis sitzen und der Lehrer mitten unter ihnen, war eine Methode, die in allen Fächern angewendet wurde, die alle jungen Lehrer erprobten, und die mit dem, was heute Unterrichtsgespräch genannt wird, wenig zu tun hatte.

Warum aber erlebe ich heute so selten ein gut vorbereitetes Lehrgespräch, ein „gekonntes" oder wenigstens gut gemeintes lockeres Unterrichtsgespräch, eine Diskussion oder Debatte? Sind das für Lehrer und Schüler besonders schwer zu erlernende und anzuwendende Methoden? Behindern oder verhindern schulische Bedingungen Unterrichtsgespräche? Gibt es bei Lehrern, Schülern und Eltern Vorurteile gegen Unterrichtsgespräche?

Will man sich über methodische Details im Zusammenhang mit Unterrichtsgesprächen informieren, gibt es in der schulpädagogischen und fachdidaktischen Literatur zahlreiche und hilfreiche Hinweise darauf, wie man Schüler auf Gesprächsmethoden und Gesprächsverhalten vorbereitet, was man als Lehrer zu beachten hat und für welche Bereiche des Unterrichts Gesprächsmethoden besonders gut geeignet sind. Hier können nur einige Aspekte der Gesprächsmethoden angesprochen und die damit verbundenen Unterrichtsprobleme vorgestellt werden.

Vorangestellt sei die folgende Überlegung:

Methodenwahl ist u. a. abhängig vom Verständnis von Schule und ihren Aufgaben und Zielen, ist abhängig davon, wie sich Lehrer und Erzieher als Fachlehrer und Klassenlehrer verstehen, wie sie Schüler sehen und vielem Intentionalen und Konzeptionellen mehr. Bildung und Erziehung sind auf Vertrauen aufgebaut:

Vertrauen der Schüler zu ihren Lehrern und Vertrauen der Lehrer in ihre Schüler. Und durch Vertrauen, Wahrhaftigkeit und Redlichkeit läßt sich das Lernklima in unseren Schulen verbessern. Das Unterrichtsgespräch ist eine Methode, die helfen kann, das Vertrauen zu schaffen, so wie jedes Gespräch Vertrauen schaffen kann. Darüber hinaus ist allen Gesprächsmethoden immanent, was wir uns für den Unterricht allgemein heute wünschen:

Ziel, Aufgabenstellung, Absicht werden verdeutlicht, es gibt Regeln, aber kein starres Reglement, der Lernprozeß ist kommunikativ.

6.2 Was Gesprächsmethoden leisten können

Allen Gesprächsmethoden sind die folgenden Zielsetzungen gemeinsam: Unterrichtsgespräche dienen

– dem unterrichtlichen Fortschritt, z. B. weil die Schüler Einsichten gewinnen und Erklärungen für Begriffe, Regeln, Gesetzmäßigkeiten und Abhängigkeiten erhalten können;

– der Entwicklung des einzelnen Schülers, z. B. weil in Unterrichtsgesprächen Ansichten und Einstellungen, Argumente und Probleme des Schülers mit denen der Mitschüler verglichen werden können. Schüler können lernen, ihren Bestand an Wissen, Können und Einstellungen zu erweitern. Die im Schülergespräch besprochenen Inhalte werden von *Schülern* beigesteuert, von Schülern ergänzt, von Schülern in Frage gestellt, das heißt von Gleichgestellten, und deshalb besser behalten, besser mit bisher Gelerntem und Bekanntem verknüpft und besser zu neuem Fragen und Problematisieren führen;

– dem Aufbau eines Gemeinschaftsgefühls in der Lerngruppe, z. B. weil die Gesprächsmethoden auf gegenseitige Rücksichtnahme, Einhalten von Regeln und mehr partnerschaftlichem Verhalten von Lehrern angewiesen sind;

– dem Aufbau von Sozialverhalten, z. B. weil mit dem Lernen von Gesprächsmethoden auch wesentliche soziale Verhaltensweisen gelernt werden;
– dem Aufbau eines positiven Lernklimas in der Gruppe, z. B. weil in Unterrichtsgesprächen Störungen erklärt und behoben werden können.

Von diesen Leistungsmöglichkeiten her erklärt sich auch die Notwendigkeit, mit Unterrichtsgesprächen schon im ersten Schuljahr zu beginnen. (Als Vater weiß ich, daß es unsinnig ist zu behaupten, erst ältere Schüler seien in der Lage, Gespräche zu führen.)

6.3 Allgemeine Gesprächsbedingungen

So wie Lehrer für die einzelnen Gesprächsmethoden ihre individuellen Bedingungen und situativen Voraussetzungen vorfinden, die den Einsatz der Methoden behindern oder begünstigen, so gibt es auch allgemeinere Bedingungen und vor allem Hemmnisse. Einige seien exemplarisch herausgegriffen: Raum und Sitzordnung, Zeit, das Atmosphärische, die Inhalte und das Lehrerverhalten. Im Bereich des Lehrerverhaltens müssen immer wieder neue Vorurteile abgebaut werden, denn wie oft hört man doch, daß in Unterrichtsgesprächen nur geredet und gefaselt wird, der Lehrer Mühe habe, seine Kompetenz einzubringen, und was der Vorwürfe mehr sind.

Als Lehrer muß ich meine Zielstrebigkeit ebensowenig aufgeben wie meine Sorge um die Ökonomie meines Unterrichts, wenn ich in Unterrichtsgesprächen meine Beiträge, meine Steuerung, Belehrung und Korrektur dosiere und behutsam einsetze.

Als Lehrer bin ich mir meiner Verantwortung gegenüber meinen Aufgaben, gegenüber dem fachlichen Anspruch meines Themas, gegenüber Wahrhaftigkeit und Redlichkeit bewußt, auch wenn ich im Unterrichtsgespräch Schülereindrücke und -ausdrücke, Schülererfahrungen und -meinungen, Schülerkenntnisse und -erkenntnisse akzeptiere.

Lehrer müssen ihre Aufgaben als Fachexperten, Lernhelfer und Erzieher nicht vernachlässigen, wenn sie als Gesprächsleiter oder -teilnehmer um partnerschaftliches, reversibles und sozialintegratives Verhalten bemüht sind. Die Dominanz des Lehrers aber ist unser aller Problem in Unterrichtsgesprächen. Es ist einsichtig, wie leicht hierarchische Strukturen ein Gespräch behindern oder gar verhindern, weil das Beziehungsgefüge durch die Abhängigkeitsverhältnisse, durch Irreversibilität, Unsicherheit, Ignoranz und Arroganz gestört wird. Das kennen Lehrer nur zu gut aus ihrer Ausbildungszeit und aus sogenannten Gesprächen mit Vorgesetzten. Hilfreich ist hier z. B., die folgenden Rollenverteilungen zu vermeiden:
Schüler wissen nichts – Lehrer weiß alles
Schüler antworten – Lehrer fragt.

Hilfreich ist auch, wenn Lehrer ihr Verhalten in Gesprächssituationen selbst beobachten und analysieren, um danach auch Änderungen herbeizuführen und einüben zu können.

Dazu einige Beispiele:

- Achten Sie einmal darauf, wieweit Sie die Schülerbeiträge in einem Unterrichtsgespräch auf ihre Bedeutsamkeit einschätzen können! Je eher Ihnen das gelingt, desto ausgeprägter wird Ihre Fähigkeit, im Gespräch zurückzutreten und den eigenen Verbalanteil zu reduzieren.
- Achten Sie auch darauf, wie rasch und sicher Sie während des Unterrichtsgespräches entscheiden können, wann Sie einen vorhergehenden, evtl. schon einige Zeit zurückliegenden Schülerbeitrag selbst wiederholen wollen oder wiederholen lassen, ihn erneut oder erstmalig für die Teilnehmer in den Mittelpunkt des Gesprächs stellen wollen, weil er zum Zielerreichen gehört! Versuchen Sie auch, diese Fähigkeit bei Ihren Schülern aufzubauen und ihnen Anwendungsmöglichkeiten in Unterrichtsgesprächen zu eröffnen!
- Versuchen Sie, die bruchstückhaften, nicht ausformulierten Gedanken der Schüler auf ihren Aussagewert hin zu antizipieren und sie in der angebotenen Form zu akzeptieren! Nur in Ausnahmefällen sollten Sie Formulierungshilfen geben oder anregen. Diese nicht ausformulierten Gedanken sollten auf jeden Fall aber für den Gesprächsablauf genutzt werden.

Ein weiteres Hemmnis für das Gelingen von Unterrichtsgesprächen ist die geringe Betroffenheit der Schüler. Im Gespräch draußen, außerhalb der Schule, wird über eine Sache gesprochen, die die Gesprächsteilnehmer interessiert (über Politik, Kindererziehung, Sport, die Kunstszene oder das Wetter). Wer sich für die Sache nicht erwärmen kann, nimmt in der Regel auch nicht teil, weder aktiv als Gesprächsteilnehmer noch passiv als Zuhörer.

In der Schule scheint es aber doch vielfach so zu sein, daß weder Schüler noch Lehrer warm werden können von einer Sache, sich erwärmen können für eine Sache, so daß von daher Gesprächsbereitschaft vorhanden wäre. Die Ziele und vorgegebenen Inhalte sind häufig genug tradiert und eher von vorhandenen Lehrwerken her legitimiert als von den Lehr- und Lernbedürfnissen der Betroffenen.

Die Lehr-/Lerninhalte, die Themen der Unterrichtsgespräche, sollten häufiger die sein, die betroffen machen oder betroffen gemacht haben. Lehrer und Schüler müssen von der Sache gepackt sein oder in ihr warm werden. Gegenüber dem mit dem Gespräch zu erreichenden oder zu bewirkenden Ergebnis muß Offenheit bestehen, d. h., Abläufe und Ziele dürfen nicht so festgelegt sein, daß nur der Lehrer bestimmt und weiß, was herauskommen soll und „wo es langgeht".

In der Erwachsenenwelt ist für den Gesprächsablauf bedeutsam, aber auch für die Intensität des Gesprächs und unser Befinden als Gesprächsteilnehmer, wie die Atmosphäre geartet ist, in der das Gespräch stattfindet. Meist bestimmen wir selbst, an welchem Gespräch wir teilnehmen, in welcher Umgebung und mit welchen Gesprächspartnern. Im schulischen Leben sind die Gesprächsmethoden in besonderem Maße abhängig von der Lernatmosphäre. Können wir als planende Lehrer voraussetzen, daß alle Schüler unserer Lerngruppen auch zu der Zeit, zu der wir eine Gesprächsmethode einsetzen wollen, gesprächsbereit sind? Können wir die für die Erwachsenen selbstverständliche Freiwilligkeit der Teilnahme an einem Gespräch ersetzen durch Zwang?

Wir alle kennen doch die hilflosen und zwecklosen Ermahnungen des Lehrers, wenn er ein Gespräch ohne Beteiligungsbereitschaft und Betroffenheit führen will. „Ich *will* aber mehr Finger sehen. Habt ihr dazu nicht doch mehr zu sagen? Warum beteiligen sich die Mädchen überhaupt nicht?"

Kann ich in der Schule also nur Gespräche führen, wenn alle Schüler dazu in der nötigen Stimmung sind?

Oft ergeben sich solche gesprächsfördernden Situationen, und ich muß flexibel darauf reagieren. Ein lockeres Unterrichtsgespräch, das Konflikte und Probleme der Schüler zum Inhalt, vielleicht auch mit Zielen und Methoden des Unterrichts zu tun hat, oder sich aus einem Sachproblem des Unterrichts ergibt, schafft mit der für Lehrer und Schüler bemerkenswerten Lernatmoshäre auch einen u. U. anhaltenden Lernerfolg. Auch Voraussetzungen für eine Diskussion ergeben sich oft spontan, und ich brauche um die Diskussionsbereitschaft und das Atmosphärische keine Sorge zu tragen.

Als Lehrer habe ich aber auch Möglichkeiten, meine Schüler vorzubereiten und einzustimmen, die Gesprächsbereitschaft zu wecken durch Ermutigung, und für sie eine Atmosphäre zu schaffen, in der sie lernen wollen und können. Einige Maßnahmen, die der Vorbereitung auf ein Unterrichtsgespräch dienen können, seien hier vorgeschlagen:

– Versuchen Sie einmal, Ihre Schüler daran zu erinnern, wie sie durch ein Gespräch Lösungen gefunden haben!
Wecken Sie dabei in Ihren Schülern die Erinnerung, daß das Gespräch etwas „gebracht" hat. Zum Beispiel: „Ich schlage euch vor, über dieses Problem in einem Gespräch gemeinsam nachzudenken, wie in der vorigen Woche, da haben wir in einem Gespräch sehr gut herausgearbeitet, welche Freizeitmöglichkeiten es im Revierpark für die unterschiedlichen Interessen der Familienmitglieder gibt. Da hatten wir am Ende ein gutes Ergebnis."

– Versuchen Sie unbedingt, ein gemeinsames Aufgabenverständnis herzustellen, d.h., erklären Sie die Aufgabe so gründlich, daß Ihre Schüler verstehen, was Sie mit der Gesprächsmethode und dem Gesprächsthema erreichen wollen! Sie bewirken damit eher, daß die Schüler die Aufgabe annehmen, ein Gespräch führen und ein Gesprächsergebnis erzielen wollen. (Gemeinsames Aufgabenverständnis meint, daß Schüler und Lehrer die Aufgabe, die damit verbundene Arbeit und die antizipierte Erledigung in der gleichen Weise verstehen.) Zum Beispiel: „Ich habe festgestellt, daß ihr bei Fehlern sehr enttäuscht seid, die Arbeit ungerne berichtigt oder nicht bereit seid, eine Arbeit neu anzufangen. Wir wissen aber doch, daß man aus seinen Fehlern lernen und dann die Arbeit besser erledigen kann. Wir könnten doch einmal gemeinsam darüber sprechen, aus welchen Gründen euch das Berichtigen oder Neuanfangen so schwerfällt. Wir wollten auch darüber sprechen, wie es kommt, daß man aus seinen Fehlern lernen kann. Jeder könnte von seinen Erfahrungen berichten und Gründe nennen. Zuletzt könnten wir dann überlegen, ob wir unsere Erfahrungen auch für die Schule nutzen können."

– Erinnern Sie an die Gesprächsregeln, die Sie mit Ihren Schülern schon erarbeitet und mit Erfolg angewendet haben!

– Versuchen Sie, Hierarchien und Dominanzen soweit wie möglich durch

Ihr Verhalten abzubauen! Lassen Sie Ihre Schüler erfahren, daß es im Unterrichtsgespräch eher Fragende und Antwortende als Unwissende und Wissende, Dumme und Kluge, Benachteiligte und Bevorzugte gibt!

– Seien Sie in Gesprächssituationen und bei ihrer Vorbereitung möglichst geduldig! Klären Sie mit Ihren Schülern den Zeitbedarf und die Bedeutung des Zielerreichens! Machen Sie klar, ob es vorrangig um den Prozeß des Miteinandersprechens mit offenem Ergebnis geht, oder um ein Gesprächsergebnis, wie in einem Lehrgespräch oder als Beschluß nach Debatten! Zum Beispiel: „Wir haben jetzt eine halbe Stunde Zeit, ich glaube das genügt uns, und wir haben genug Zeit, um in aller Ruhe miteinander zu sprechen und aufeinander einzugehen, wir sollten aber versuchen herauszubekommen, warum eigentlich selbstverwaltete Jugendzentren so strittig diskutiert werden. Diese Gründe brauchen wir, um die Leserbriefe zur Löwenhofbesetzung besser verstehen zu können."

– Versuchen Sie, möglichst optimale Voraussetzungen an räumlichen Verhältnissen zu schaffen, indem Sie die Sitzordnung in aller Ruhe regeln und den Schülern helfen, auch selbständig Gesprächsrunden herzustellen! Damit wird die gesamte Lernsituation im weitesten Sinne in Richtung auf stärkere kommunikative Bedingungen verändert.

Andere Maßnahmen des Lehrers werden notwendig, wenn Schüler in Gesprächsmethoden ungeübt sind. (Hierzu gibt *Gertrud Ritz-Fröhlich* [2] vielfältige Anregungen.) Wem all diese Vorschläge zu lehrerorientiert erscheinen, der kann sicher Hilfestellungen finden, die Lehrer und Schüler gemeinsam beisteuern, um die Gesprächsatmosphäre für einen schülerorientierten Unterricht herzustellen.

Unterrichtszeit als Bedingungsfaktor ist für das Lehrgespräch weniger problematisch, d. h., man wird je nach Alter der Schüler, Unterrichtsgegenstand, Anzahl der Teilnehmer und Grad der Eingewöhnung in die Gesprächstechnik den zeitlichen Umfang des Lehrgesprächs festlegen können. Bedeutsamer wird der Zeitfaktor im lockeren Unterrichtsgespräch. Wenn das Gespräch zu einem Ergebnis gelangen soll, muß die dazu notwendige Gesprächszeit auch zur Verfügung stehen. Da der Lehrer in diesem Gespräch weniger steuern, lenken und inhaltlich bestimmen will, sollte er den Zeitfaktor vorher bedenken, um nicht während des Gesprächs drängen zu müssen, oder um zu vermeiden, daß das Stundenende in eine Gesprächsrunde platzt, die gerade mit der Thematik warm geworden ist. Der planende Lehrer muß also bei der zeitlichen Plazierung im Stundenplan bzw. in der Unterrichtsstunde und bei der zeitlichen Begrenzung helfen.

Über die zeitliche Dauer eines Unterrichtsgespräches bestimmen in der Regel die Art der Gesprächsbereitschaft und -fähigkeit einer Lerngruppe, und die wiederum sind abhängig von:

– der Einübung in Gesprächsmethoden und der Gewöhnung,
– dem Aufmerksamkeitsgrad und der Konzentrationsfähigkeit sowie
– der Betroffenheit und dem Interesse am Thema.

Wesentlich wird der Zeitfaktor auch für die Diskussion und Debatte, weil hier die Komplexität des Themas und die komplexeren Gesprächsregeln ein hohes Maß an Disziplin erfordern, d. h. Geduld und Aufmerksamkeit bei der aktiven und passiven Teilnahme, Beachten des inhaltlichen Fortschritts und der formalen Regeln. Hier muß einerseits für die Handlungsseite des Unterrichts genügend Zeit eingeplant werden, andererseits ist die begrenzte Belastbarkeit der Schüler einzukalkulieren. Von großem Nachteil für schulisches Lernen ist die Tatsache, daß der Klassenraum beinahe zum einzigen Lernort wurde. Wir können sicher zahlreiche Schüler ausfindig machen, die über viele Jahre ihrer Schulzeit ausschließlich in ihrem Klassenraum gelernt haben.

(Ich habe mit Schülern im Ratssaal diskutiert, im Wasserwerk, im Museum und im Theater, ich habe Gespräche geführt im Schullandheim, in der Jugendherberge, in der Kirche und im Zirkus.)

Auch in einem sehr differenzierten Stundenplan und einer so bindenden Pausenordnung, wie sie unsere Schulen „auszeichnet", kann aber noch eine Alternative zum Klassenraum gefunden werden: die Aula oder der Filmraum, die Bücherei oder ein naheliegender Park. Allerdings muß den Schülern auch die Beziehung zwischen der Veränderung des Lernortes und der Lernsituation bewußtgemacht werden.

Ein anderes Problem ist die Sitzordnung. Hierzu einige Erfahrungen:

– Für die Veränderung der Sitzordnung brauchen Schüler und Lehrer Zeit. Sie muß eingeplant werden. Eine unter Hetze stehende Umordnung des Mobiliars schafft Störungen, die nachhaltig auf das Gesprächsverhalten von Lehrern und Schülern ausstrahlen.

– Die für die Veränderung nötige Organisation muß eingeübt werden. Auch diese Zeit sollte der Lehrer ruhig investieren, weil damit Schüler Fertigkeiten und Verhalten lernen, die zu den Grundqualifikationen gehören, z. B. sich mit Hilfe von Organisation ein Mobiliar für unterschiedlichen Bedarf nutzbar machen.

– Jede Gesprächsmethode hat eine spezifische optimale Sitzordnung. Lehrer und Schüler erarbeiten nicht nur Gesprächsregeln, sondern auch für jede Gesprächsmethode, die im Unterricht angewendet wird, einen Organisationsplan.

– Für jede Gesprächssituation ist notwendig, daß sich alle Teilnehmer ohne Mühe ansehen können.

– Heraushebungen in der Sitzordnung müssen von der Funktion her begründet sein (Diskussionsleiter, Debattenredner, Experten, Gesprächsleiter). Weder sollten Lehrer traditionell an ihrem Lehrerschreibtisch vor der in Tischreihen sitzenden Schülergruppe postiert sein, noch die einzigen Gesprächsteilnehmer sein, die hin und her und auf und ab gehen können. Der Lehrer sollte in Lehrgespräch und offenem Unterrichtsgespräch wie die Schüler im Kreis sitzen.

– Behelf, Drehen der Stühle bei Erhalt der frontalen Sitzordnung darf nicht zur Regel werden. Zeitmangel als Grund für die Beibehaltung der Sitzordnung und mögliche Widerstände durch Kollegen, Hausmeister und Raumpflegerinnen sollten mit Kollegen diskutiert und gemeinsam überwunden werden.

Für Sitzordnungen möchte ich drei Umbauvorschläge beschreiben. Auch für die optimale Sitzordnung bei Diskussion und Debatte gibt es sicher Umbauorganisationen, die jeder Lehrer entwerfen kann. (Skizzen dazu finden sich auch bei *Magda Kelber* [3] und *Gertrud Ritz-Fröhlich*.)

1. Organisation für ein lockeres Unterrichtsgespräch oder Lehrgespräch, das z. B. spontan im Unterrichtsgeschehen notwendig und voraussichtlich kurz sein wird, aber in der das kreisartige Zusammenkommen ein Gespräch fördern soll.

Umbau: 8 Schüler verlassen die Plätze mit ihren Stühlen, sie setzen sich zwischen die Tische in einen Kreis, 10 Schüler drehen sich mit ihren Stühlen dem Innenkreis zu. 10 Schüler bleiben an den Gruppentischen sitzen, dem Kreis zugewandt.

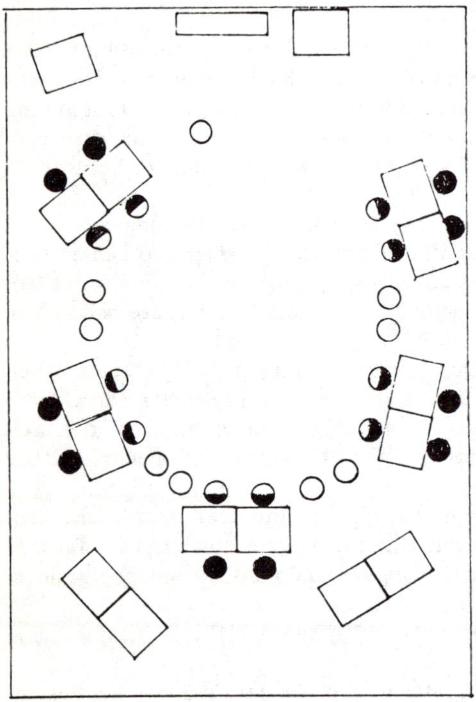

Abb. 1

2. Organisation für ein lockeres Unterrichtsgespräch oder ein Lehrgespräch, das für eine längere Unterrichtsphase geplant wird. Dabei kann die Lerngruppe ohne großen Aufwand zur schriftlichen Arbeit zurückkehren.

Umbau: 4 Schülergruppen mit je 4 Schülern stellen ihre Tische an die Wand, nachdem sie vorher ihre Stühle in den Kreis gestellt haben. Für 8 Schüler, die ihre Tische stehen lassen, ist in der Nähe ihrer Tische eine Lücke gelassen worden, in die sie sich setzen, wenn die Schüler, die ihre Tische verschoben haben, sitzen.

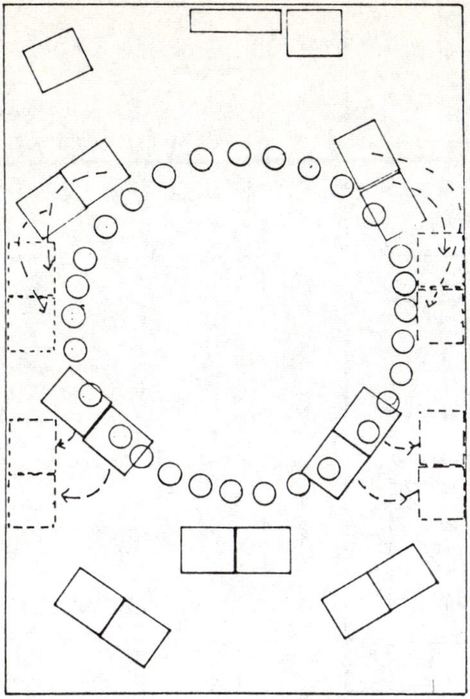

Abb. 2

3. Organisation für ein lockeres Unterrichtsgespräch oder ein Lehrgespräch bei frontaler Anordnung des Gestühls, das längere Zeit beansprucht und von der Intention und Thematik her einen Gesprächskreis erfordert.
Umbau: Mit der hintersten Reihe beginnend, tragen die Schüler ihren Stuhl in die Nähe der Tafelwand, dort beginnt die Gruppe den Stuhlkreis. Dann schieben diese 6 Schüler ihre Tische an die Wand und setzen sich auf ihre Plätze im Sitzkreis. Es folgen nacheinander die nächsten Reihen, so daß sich der Sitzkreis vollendet, während sich an der der Tafelwand gegenüberliegenden Wand ein Block von gegeneinander geschobenen Tischen bildet.

Der Umbau von Mobiliar für Unterrichtsgespräche muß von Schülern genau so gelernt werden wie die Einübung und Anwendung von Gesprächsregeln. Es ist hier besonders darauf zu achten, daß ein einmal überlegter Organisationsplan für den Umbau auch eingehalten wird. Dabei müssen die Umbauten schrittweise und nacheinander erfolgen. Die Schüler z. B., die nicht umbauen und von ihren Plätzen her in den Kreis kommen, stehen als letzte auf, damit sie den Umbau auf keinen Fall stören können. So können Lehrer und Schüler gemeinsam für jede Gesprächsmethode neben Gesprächsregeln auch Umbauregeln entwerfen, aufstellen und einüben.

Die Zeit, die ich für diesen Lernprozeß investieren muß, ist gut genutzt, wenn ich bedenke, daß Schüler nicht nur lernen, wie man ein Mobiliar für

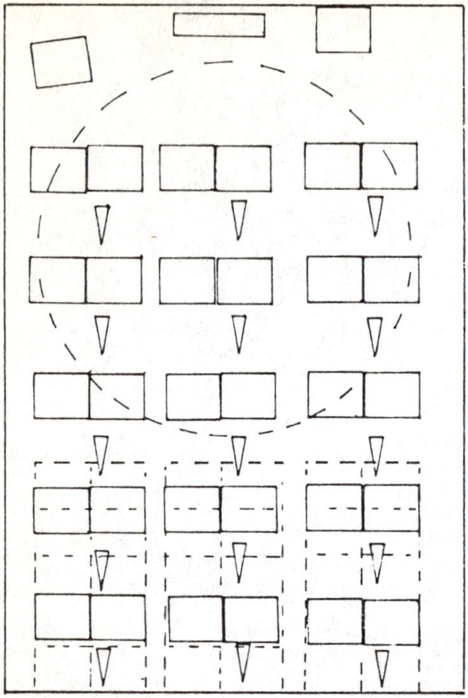

Abb. 3

verschiedene Zwecke durch Umbauu nutzt, sondern daß ich auch die Lernhemmnisse und -störungen, die mit einer falschen Sitzordnung verbunden sind, vermeide. Nebenbei bemerkt: Ich beobachte in Seminaren der Hochschule, daß sich Studenten in jede Mobiliarordnung, die sie in Seminarräumen gerade zufällig vorfinden, einpassen, und daß sie nicht von sich aus darauf kommen, das Mobiliar nach ihren Erfordernissen und Bedürfnissen umzubauen. Auch Lehramtsanwärter, die in ihrem Unterricht gerne Unterrichtsgespräche führen und in ihren Seminarsitzungen kooperative Lernverfahren praktizieren wollen, setzen sich häufig dahin, wo ein Stuhl frei ist, wo immer der auch stehen mag. Wo haben Studenten und Lehramtsanwärter diese Einstellung nur gelernt?

6.4 Die einzelnen Gesprächsmethoden

Unterscheidungen zwischen offenem Unterrichtsgespräch und gebundenem Unterrichtsgespräch oder die zwischen dem offenen Gespräch, das keinem unterrichtlichen Ziel dient und dem zielgerichteten Unterrichtsgespräch scheinen mir eher theoretisch zu sein.

„*Offene Gespräche*", die Schüler und Lehrer miteinander führen, ohne Bindung an Leitfragen des Lehrers oder eine mehr oder weniger starke Lenkung des Lehrers, können Schülern ein hohes Maß an Lernzuwachs bringen, wenn Gesprächsinhalte und -anteile mit Interesse, Neugier, Lernwilligkeit und -bereitschaft gekoppelt sind. Im Vordergrund steht hier weniger das Anliegen des Lehrers und sein Bestreben, mit Hilfe des Gespräches fachliche Unterrichtsziele zu erreichen, sondern eher ein Angebot an die Schüler, von Beiträgen der Mitschüler zu lernen, sich selbst mit Beiträgen einzubringen, Bestätigung oder Korrektur zu erfahren und damit schon an sich wesentliche Lernerfahrungen zu machen.

(Wir wissen doch, wie lernintensiv die „informellen Gespräche" der Schüler außerhalb des Unterrichtsthemas und der Unterrichtsstunden sind und wie wirksam auch hier der geheime Lehrplan ist.) Mehr dieser *lockeren Unterrichtsgespräche mit* dem Lehrer hieße, viele Chancen für schulisches Lernen nutzen, die zwar nicht direkt und vorrangig die „stofflichen" Ziele des Lehrers beinhalten, aber dafür die Motiviertheit der Schüler. Dabei ist ein Gesprächsthema „Gab es früher Riesen?" ebenso denkbar wie das Thema „Wir werten unser letztes Schulfest aus".

Das soll aber nicht heißen, daß der Lehrer bei aller Zurückhaltung in diesen Gesprächen seine Lehr- und Erziehungsfunktion aufgibt. Auch in lockeren Unterrichtsgesprächen muß der Lehrer Hilfen geben im Bereich der Gesprächsführung und Gesprächsdisziplin. Wichtig ist, daß die Maßnahmen und Gesprächsanteile des Lehrers von den Schülern auch als konstruktive Hilfe erfahren werden können.

Im inhaltlichen Bereich wird er ständig zu entscheiden haben, an welchen Stellen er Schüleraussagen unbedingt korrigieren muß. Hier sollte der Grundsatz gelten: nur da eingreifen, wo aufgrund eines „Fehlers" negative Folgen bei der Gruppe oder bei einzelnen Schülern zu erwarten sind.

Der Lehrer wird im lockeren Unterrichtsgespräch so sehr Helfer und Ermutiger sein können, wie er seine Funktion glaubwürdig wahrnehmen kann. Gelingt das nicht, verhält er sich nicht eindeutig helfend und ermutigend, sondern lenkend und bestimmend, verliert das lockere Unterrichtsgespräch seine Charakteristika.

Im „gebundenen" Unterrichtsgespräch, dem *Lehrgespräch* also, sollen Gesprächsbeiträge gebunden sein an Leitfragen oder konkrete Problem- und Aufgabenstellungen. Hier besteht die Aufgabe des Lehrers darin, Hilfen anzubieten, die den Schülern ermöglichen, bei der Sache zu bleiben, Argumente anzuführen, Kenntnisse zu verknüpfen und Erkenntnisse zu gewinnen. Neben Strukturierungshilfen, die an ein Gesprächsziel heranführen, ist es hier auch Aufgabe des Lehrers, Zwischenschritte anzubieten, Zwischenergebnisse zu sammeln, zu ordnen und zu veranschaulichen (Sammlung von Ergebnissen als Tafelanschrieb oder Foliengrafik). Außerdem sollte er sich bemühen, alle diese Funktionen schrittweise den Schülern zu übertragen, damit sie zu eigener Gesprächsleitung befähigt werden.

Wenn die Gesprächssituation erhalten bleiben und die Methode ihre Wirksamkeit behalten soll, muß der Lehrer darauf achten, daß er nicht in ein

Frage- und Antwortschema verfällt. Lehrermonologe und Schülermonologe stören das Gespräch ebenso wie anhaltende Dialoge zwischen Lehrer und einzelnen Schülern oder einigen wenigen Schülern untereinander. Die Störanfälligkeit wird noch größer sein, wenn ein Lehrer nur bestimmte von ihm vorformulierte Ergebnisse zuläßt oder den Schülern signalisiert, etwas Bestimmtes als Beitrag zu erwarten. Im Lehrgespräch wird der Schüler mit Impulsen und Fragen dazu geführt, eigene Gedanken folgerichtig zu entwickeln und zu verknüpfen, den Gedanken des Lehrers zu folgen, sie mitzudenken und zu Ende zu denken. Lehrgespräche eignen sich immer dann, wenn Schüler über das Gespräch mit Mitschülern und Lehrer zu Folgerungen, Einsichten und Erkenntnissen geführt werden sollen. Auch im Lehrgespräch muß der Lehrer sicherstellen, daß Zielstrebigkeit und Sicherung von Unterrichtsergebnissen nicht in einen Widerspruch geraten zu den unverzichtbaren Merkmalen einer Gesprächssituation (partnerschaftlich, nicht absolut planbar, Ergebnisse nicht voraussehbar).

Wenn Gesprächsergebnisse erzwungen werden dadurch, daß der Lehrer sie durch eine Fragetechnik den Schülern „in den Mund legt" oder daß der Lehrer sie schlußendlich selbst formuliert, entstehen sie in einer Unterrichtssituation, die Lehrer und Schüler als stark gestört empfinden müssen.

Diese emotionale und u. U. auch kognitiv wirksame Störung wird an das Ergebnis geknüpft bleiben und es in der Regel negativ beeinflussen.
Für diese Lehrgespräche einige Hilfen.

1. Versuchen Sie, den Gesprächsinhalt mit Ihren Schülern vorzustrukturieren, so daß eventuell ein Tafelbild entsteht! Mit Hilfe dieser Problemkarte oder „Dringlichkeitsskala" können Sie dann die einzelnen Punkte mit den Schülern gemeinsam in einen von allen akzeptierten Gedankengang bringen. Zum Beispiel:

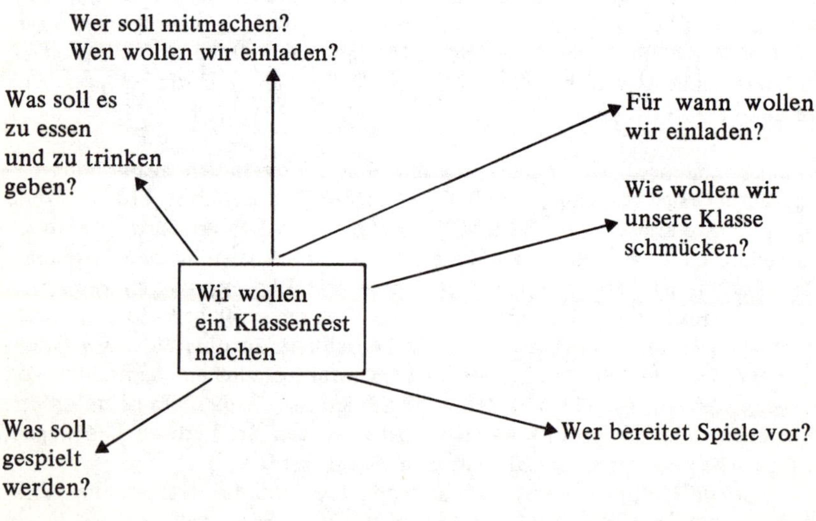

Lehrer: „Das sind die Punkte, die wir gemeinsam besprechen müssen, und dazu sollten wir heute auch Ergebnisse haben. Wollen wir nun die Fragen nacheinander besprechen? Können wir uns eine Reihenfolge überlegen?"

2. Versuchen Sie, mit Hilfe von Fragen und Impulsen an vorhandenes Wissen und gemachte Erfahrungen einzelner Schüler oder der Lerngruppe anzuknüpfen!

Z. B.: „Erinnert euch doch einmal an unsere Arbeit über Stadtplanung im vorigen Jahr. Wir haben doch da Kriterien erarbeitet, mit denen man herausfinden konnte, wo Hallenbäder oder Sportplätze gebaut werden müßten."

3. Bringen Sie notwendige Ergänzungen erst am Ende eines Gesprächsabschnittes ein!

Z. B.: „Wir haben jetzt die Gründe der Stadtverwaltung für die Ablehnung des selbstverwalteten Jugendzentrums herausgearbeitet und kennen auch alle begründeten Wünsche der Jugendlichen. Aber eine Sache möchte ich jetzt gerne noch ergänzen. Ich habe gestern meinen Besuch gefragt, ob er in seiner nächsten Nachbarschaft ein selbstverwaltetes Jugendzentrum haben möchte. Alle wehrten ab und sagten: „Nein, bei mir nicht! Da muß es doch andere Gelände und andere Gebäude geben."

4. Vermeiden Sie jedes Dozieren! Der Lehrervortrag hat seine Bedeutung für den Unterricht, aber er gehört nicht in ein Gespräch, es sei denn, er ist kurz und als ein Baustein im Lehrgespräch zu verstehen.

5. Versuchen Sie so früh wie möglich, mit Schülern gemeinsam und schließlich der Schülerselbsttätigkeit überlassend einzelne Phasen des Lehrgesprächs voneinander abzugrenzen und in ihrer Funktion zu verdeutlichen!

Z. B.: „Jetzt haben wir mit dieser Übersicht doch eine Ordnung in die Argumente für ein selbstverwaltetes Jugendzentrum gebracht. Die nächste Phase unseres Gesprächs sollte sich damit befassen, ob wir unsere geordnete Sammlung noch ergänzen müssen oder können." (Sammlung, Ordnung, Ergänzung, Richtigstellen und Zusammenfassen wären solche Phasen.)

6. Im Lehrgespräch entscheiden Sie auch über den Einsatz von „Bausteinen des Lehrgesprächs" (z. B. referieren, diskutieren, fragend-entwickelndes Vorgehen).

7. Versuchen Sie, Ihre Fragen von den möglichen Antworten der Schüler her zu formulieren!

Z. B.: In einem Lehrgespräch hat sich der Lehrer zum Ziel gesetzt, die Jugendarbeit in einer Großstadt zu analysieren. Er möchte, daß die Schüler u. a. erkennen: Kontrollierbarkeit, Konformität, Anpassung an Rechtsvorschriften und Geschäftsfähigkeit sind Kriterien für die Mittelverteilung der Gemeinde X an „Jugendpflege betreibende" Institutionen und Vereine. Der Lehrer möchte im Verlauf des Unterrichtsgesprächs mit einer Frage erreichen, daß die Schüler sich mit möglichen Kriterien für eine Mittelverteilung auseinandersetzen. Im folgenden werden drei Fragen formuliert. Welche ist wohl am ehesten von den möglichen Antworten her formuliert?

Lehrer: „Wir haben hier eine Übersicht über die Institutionen, Verbände und Vereine, die Zuschüsse für ihre Jugendarbeit erhalten. Als ich sie las, fiel mir sofort auf, daß ich eine solche Liste mit denselben Namen schon einmal vor einigen Jahren in den Händen hielt."

Frage 1: „Haben die alle in der Zeit so erfolgreich gearbeitet?"
Frage 2: „Etwas haben diese Einrichtungen gemeinsam. Könnt ihr das wohl herausfinden?"
Frage 3: „Mir fällt hier auf, daß Geld für Jugendarbeit nur da hingegeben wird, wo sie in kirchlichen und städtischen Heimen oder in Sportvereinen geleistet wird, und nie in einer alten Scheune oder alten Fabrik oder in einem alten Kino? Was mag wohl der Grund dafür sein?"

Sie vermeiden damit vor allem solche Fragen: „Und dann braucht der Radfahrer noch etwas?" – „Ja, richtig, aber ich meine es noch etwas anders. Wer kann mir sagen, woran ich denke? Wer kann mir weiterhelfen?"

Vielleicht können Sie einmal Ihre Fragen bezüglich der damit verbundenen Absicht selbst prüfen?

Wir können unterscheiden:
Wissensfragen, die helfen sollen, das Vorwissen der Schüler bereitzustellen;
Meinungsfragen, die helfen sollen, Meinungen, Ansichten, Erfahrungen, Erwartungen zu äußern;
Rückfragen, die helfen sollen, Gesagtes zu verdeutlichen, zu wiederholen, zu klären.

Dann gibt es noch Fragen, die Gegensätzliches herausstellen, und solche, die Gemeinsamkeiten feststellen.

Für das Lehrgespräch ist zu bedenken, daß gerade hier der Lehrer Fragen an die Schüler stellt, obwohl er die Antwort weiß. Das ist auch den Schülern klar. Sie antworten, weil ihnen das Muster geläufig ist. Wir müssen ihnen aber unbedingt deutlich machen, daß hier die Lehrerfrage anregen will, auf die Spur setzen will, Denkhilfe sein soll, und daß sie nicht gestellt wird, um etwas abzufragen.

(In einem Gespräch mit Schülern eines 6. Schuljahres der Hauptschule über das Thema „Schule – wie ich sie gerne hätte, was mir an ihr nicht gefällt" machte ich Schüler auf die Tatsache aufmerksam, daß in der Schule meistens die Lehrer fragen und Schüler antworten oder daß in der Schule die, die schon viel wissen, die Fragen stellen, und die, die noch nicht soviel wissen, die Antworten geben müssen. Eine Schülerantwort war: „Das ist richtig so, der Lehrer will doch wissen, was ich schon kann." Wo bieten wir in unseren Unterrichtsgesprächen Schülern Gelegenheit, auf *ihre* Fragen Antworten zu erhalten?)

Im *Rundgespräch* sollte jeder Gesprächsteilnehmer in einer Runde zu Wort kommen. Dabei werden Rundgespräche häufig so geregelt, daß die Gesprächsteilnehmer in der Reihenfolge der Sitzordnung nacheinander sprechen, ohne daß diese Reihenfolge durch Zwischenbemerkungen, Nachfragen, Ergänzungen, Richtigstellungen oder Gegenansichten unterbrochen werden darf. Das Rundgespräch ist eine Diskussionsform, die geeignet ist, wenn Lehrer und Schüler ein geschlossenes Meinungsbild haben wollen für/über:

– das Aufdecken von Konflikten und Problemen,
– das Bekennen und Herausstellen von Meinungen und Empfindungen,
– die Vorbereitung von Entscheidungen, die alle Schüler betreffen.

Am „argumentativen Dialog“ müssen sich alle Schüler beteiligen. Die Gesprächsregel „zwingt“ also jeden zur Äußerung. Wir alle kennen Situationen, in denen es mir als Lehrer besonders wichtig ist, gerade Gefühle oder Ansichten von Elfriede oder Felix zu erfahren. Aber Elfriede und Felix können sich immer wieder verweigern – aus den verschiedensten Gründen.

Ein Beispiel aus dem Metaunterricht

„Meine Erfahrungen und Gefühle bei der letzten Gruppenarbeit.“ Ziel des Rundgespräches könnte sein: Lehrer und Schüler ermitteln im Rundgespräch Lernvoraussetzungen für spätere Gruppenarbeit, ziehen Schlüsse und treffen Verabredungen.

Hier sollte auch auf die Gefahren hingewiesen werden, die damit verbunden sind, daß Schüler sich einer Äußerung nicht entziehen dürfen. Der Lehrer muß unbedingt darauf achten, daß zwischen ihm und der Lerngruppe Einverständnis herrscht über das Sinnvolle der Gesprächsform. Die Regel darf nicht starr ausgelegt werden, so daß ein begründeter Verzicht auf Beteiligung und Äußerung ohne Nachteile möglich ist. Außerdem muß verhindert werden, daß die Schülerbeiträge stereotyp und nichtssagend werden. („Ich wollte eigentlich so ähnlich wie Peter sagen ... “)

6.5 Die Diskussion

Im Unterschied zum Lehrgespräch werden hier die Beteiligten eine Auseinandersetzung führen, mit Hilfe eigener Ansichten, Meinungen und Kenntnisse Argumente vortragen und zu einem gemeinsamen Ergebnis kommen. Da diese Auseinandersetzung Gefahren birgt, muß die Diskussion geregelt werden, um Zerstörung und Abbruch der Gesprächssituation zu verhindern. Die Gesprächsteilnehmer akzeptieren einen Diskussionsleiter und Diskussionsregeln.

Die besondere Gesprächsform „Diskussion“ wird weiter gekennzeichnet durch folgende Merkmale:

– Die Geschäftsordnung regelt den äußeren Ablauf.
– Die Diskussion läuft in vier Phasen ab:

1. Verständigung über das *Thema* und dessen präzise Benennung;
2. die Vorstellung verschiedener Meinungen (deren Äußerung wird in der Literatur „*Meinungsaustausch*“ genannt);
3. der „*argumentative Dialog*“, d. h. die eigentliche Phase der Auseinandersetzung, das Begründen, Argumentieren, Infragestellen von Meinungen;
4. die *Zusammensetzung* von Diskussionsergebnissen, das können sein: Einsichten, Schlußfolgerungen, Kompromisse, Herausstellen ungelöster Probleme u. ä.

Einige Aufgaben, die sich dem Lehrer bei der Einübung und Durchführung von Diskussionen stellen, sollen hier genannt werden, damit deutlich wird, daß die Qualität einer Schülerdiskussion davon abhängt, wie ernst der Lehrer seine Aufgaben genommen hat.

1. Der Lehrer muß mit Schülern gemeinsam Diskussionsregeln so aufstellen, daß deren Bedeutung bei der Verwendung von Vor- und Übungsformen der Diskussion für die Schüler erfahrbar wird.

2. Die Diskussionsregeln beinhalten Verhaltensweisen, die nicht vorausgesetzt werden können. Aufgabe des Lehrers ist es, solches Gesprächsverhalten allmählich und schrittweise aufzubauen. Dabei sollten einerseits die Verhaltensweisen in komplexen Diskussionssituationen geübt werden, andererseits aber auch bei isolierter Schwierigkeit und mit besonderer Aufmerksamkeit. Zum Beispiel:

- sich aktiv beteiligen,
- Blickkontakt untereinander halten,
- die Anweisungen des Diskussionsleiters befolgen,
- die Diskussionspartner ausreden lassen,
- die eigenen Äußerungen begründen,
- die anderen Diskussionspartner nicht persönlich angreifen.

Die Aufstellung von Diskussionsregeln und die Einübung einzelner Regeln wird abhängig sein vom Ausbildungsstand der Schüler. Wenn Schüler z. B. die oben genannten Regeln anwenden können, kann man drei weitere Regeln den bekannten hinzufügen. Zum Beispiel:

- auf die Argumente des Diskussionspartners eingehen,
- den inhaltlichen Verlauf der Diskussion strukturieren, d. h. einzelne Diskussionsaspekte voneinander abheben, eine Reihenfolge bestimmen, diese Reihenfolge einhalten usw.

3. Bei der Auswahl und Bestimmung von Diskussionsthemen sollte der Lehrer mit dafür sorgen, daß neben Betroffenheit auch sichergestellt ist, daß die Schüler das Thema erfassen und diskutieren können.

4. In vielen Fällen müssen sich Schüler auf eine Diskussion vorbereiten (z. B. bei Pro-Contra-Diskussionen). Hier muß der Lehrer selbst als Helfer und Berater einer Schülergruppe Informationsmaterial (Filme, Texte, Tonbandaufnahmen ...) bereitstellen und Sorge tragen, daß vor der Diskussion ausreichend Zeit ist, sich mit dem vorbereitenden Material auseinanderzusetzen.

5. Die Schüler benötigen bei der Wahl des Diskussionsleiters häufig noch die Hilfe des Lehrers und seine Beratung. Bei der Einhaltung von Diskussionsregeln und der Verwendung einer Gesprächsordnung muß der Lehrer Schüler beraten und unterstützen.

6. Zur Einübung der Gesprächsmethode sollte der Lehrer selbst Diskussionsleiter sein und dabei folgende Aufgaben übernehmen:

- Er eröffnet die Diskussion und führt in die Problematik des Themas ein.
- Er notiert Wortmeldungen, erteilt den Teilnehmern das Wort und achtet auf die Einhaltung der Geschäftsordnung (GO-Anträge).
- Er ist verantwortlich für einen geordneten Ablauf; er ruft Teilnehmer, die stören, Privatunterhaltungen führen oder ‚persönlich werden', zur Ordnung.
- Er darf Teilnehmer unterbrechen und ihnen gegebenenfalls das Wort ent-

ziehen (z.B. wenn eine Redezeitbeschränkung vereinbart wurde, wenn Teilnehmer nicht zum Thema oder unverhältnismäßig lange sprechen).

- Er kann Vorschläge für den weiteren Verlauf der Diskussion machen und thematische oder methodische Anregungen geben.
- Er faßt eventuell am Schluß die wichtigsten Resultate zusammen.

Die Gesprächsmethoden können dazu verhelfen, daß Schüler:

– partnerschaftlich handeln und Kooperationsfähigkeit aufbauen,
– die eigene Meinung artikulieren können und wollen,
– den Fortgang des Unterrichts mitbestimmen lernen,
– die eigenen Schwierigkeiten bei sprachlicher Interaktion erkennen und zu überwinden versuchen,
– demokratisches Verhalten einüben.

Ob diese Aussichten nicht manche Mühe lohnen?

6.6 Anmerkungen

[1] *Menzel, W./Henze, H.:* Arbeitstechniken. In: Praxis Deutsch 21, Jan. 1977.
[2] *Ritz-Fröhlich, G.:* Das Gespräch im Unterricht. Bad Heilbrunn: Klinkhardt 1977.
[3] *Kelber, M.:* Gesprächsführung. Opladen: Westdeutscher Verlag 1977.

Rainer Winkel, Dr. phil., M.A., Jg. 1943,
ist o. Professor für Erziehungswissenschaft
an der Berliner Hochschule der Künste.

Anschriften:
Swedestraße 6 – Castellum
4600 Dortmund 72

Hochschule der Künste, Fachbereich 10
Bundesallee 1–12, 1000 Berlin 15

Wichtige Publikationen

Theorie und Praxis des Team Teaching. Westermann, Braunschweig 1974.
Der gestörte Unterricht. Kamp, Bochum ^{4}1987.
Pädagogische Psychiatrie für Eltern, Lehrer und Erzieher. Fischer Taschenbuch Verlag, Frankfurt ^{3}1987.
Deutsche Pädagogen der Gegenwart, Bd. 1. Schwann, Düsseldorf 1984.
Antinomische Pädagogik und Kommunikative Didaktik. Schwann, Düsseldorf 1986.
Pädagogische Epochen – von der Antike bis zur Gegenwart. Schwann, Düsseldorf 1987.

7 Methoden der fünfpoligen Interaktion

Das Team Teaching (17)

Rainer Winkel

„Nehmt zur Kenntnis die Meinung der Alten: Daß da gehören soll, was da ist, denen, die für es gut sind."

Bertolt Brecht im Kaukasischen Kreidekreis

7.1 Team Teaching 1971 und 1981

Ich fühle mich zehn Jahre zurückversetzt, als ich an diesem trüben Frühlingsmorgen die Autobahnabfahrt Kamen-Süd ansteuere. 1971 war ich schon einmal auf den Spuren von Team-Teaching-Schulen gewesen: In der Bundesrepublik Deutschland fanden sich ganze 24. 0,08 % aller allgemeinbildenden Schulen in der Bundesrepublik Deutschland praktizierten Anfang der 70er Jahre Team Teaching, in den USA und Großbritannien hatte ich Mühe, auch nur eine einzige Schule zu finden, an der keine institutionalisierte Lehrerkooperation zu beobachten war. Zufall? Schicksal? Tradition? Hat sich daran etwas geändert? Im Autoradio höre ich, daß von den 141 in Nürnberg verhafteten Demonstranten ein großer Teil Schüler sind, die nun schon seit Tagen im Gefängnis sitzen, weil sie moralisch sich entrüsteten. Am „Johannes-Scharrer-Gymnasium" in Nürnberg, so geht es mir durch den Kopf, begann 1966 unter den Fittichen des Schul- und Kulturdezernenten *Hermann Glaser* das erste Team-Teaching-Experiment an einer deutschen Schule. Ich erreiche die gesuchte Abfahrt, sehe das avisierte Schild „Dreifachturnhalle-Gesamtschule-Hallenbad", fahre den abverlangten Kilometer und – trete so stark auf die Bremse, daß meine Unterlagen von den Sitzen rutschen: Vor der Carlo-Schmid-Schule steht ein Polizeibulli. Um die Verkehrssicherheit der 2000 anrückenden Schüler und der 100 Lehrer zu gewährleisten? Oder sind Demonstrationen zu befürchten? Gar Sympathisanten zu observieren? Ich parke und frage mich durch. Einen Dr. H. kennt auch im Schulsekretariat niemand. Eine Schülerin will mich zu ihm führen. „Ich kenne ihn zufällig, rein zufällig", versichert sie. Ich bin gespannt, was mich erwartet, zwischen der Erinnerung an Carlo Schmid, 24 bundesdeutsche Team-Teaching-Schulen und einer Gegenwart, die mich ängstigt …

7.2 Was ist das eigentlich – Team Teaching?

Ehe an den drei Pünktchen angeknüpft und das an der Carlo-Schmid-Schule zu beobachtende Team-Teaching-Modell beschrieben wird, sind einige Informationen nötig, ohne die Team Teaching allenfalls vorgestellt, nicht aber verstanden werden kann.

Kaum ein Begriff in der schulpädagogischen Fachsprache (aber auch im schulischen Alltag) ist so umstritten, schillernd und mit dem Flair des Geheimtips unter Eingeweihten behaftet wie der des Team Teaching. Unter systematischen Gesichtspunkten taucht das Team Teaching an zwei verschiedenen Stellen auf: einmal kann es eine Form der *Differenzierung* und zum anderen eine unter siebzehn verschiedenen *Unterrichtsmethoden* sein.

7.2.1 Team Teaching als Differenzierungsform

Wenn von Differenzierung oder Gruppierung (grouping) in der Schule die Rede ist, haben wir zunächst drei verschiedene Dimensionen zu unterscheiden: einmal kann die Differenzierung von Schülern, dann die der Lehrer und schließlich die Lehrer und Schüler umfassende Differenzierung, eben das Team Teaching, gemeint sein. Darüber hinaus müssen in jeder Dimension verschiedene Aspekte betrachtet werden, die in der Abb. 1 aufgeschlüsselt sind.

Ohne auf die Fülle der Differenzierungsprobleme einzugehen, dürfte für das hier darzustellende Thema eine erste Einsicht festhaltenswert sein: *Team Teaching kann unter systematischen Gesichtspunkten eine Form der Differenzierung sein und bedeutet dann eine Lehrer und Schüler zusammenführende Gruppierungsform.*

Diese (einseitige) Festlegung favorisierte die amerikanische Team-Teaching-Bewegung als eine der populärsten Reformbestrebungen der 50er und 60er Jahre und erlebte nicht zuletzt von daher einen Desillusionierungsprozeß par excellence insofern, als schulorganisatorische Reglements eben nur sehr oberflächlich in eine Veränderung schulisch-edukativer Prozesse einzugreifen vermögen.

Ganz anders die englische Team-Teaching-Bewegung (vgl. *D. Warwick*, 1973). In ihr wurde Team Teaching nicht nur als schulorganisatorische Reform in Richtung „more efficiency and effectiveness" gesehen, sondern in erster Linie als eine neue Art und Weise (Methode) des Miteinanderlernens. Weil diese umfänglichere Sicht für die Reform der Schule bedeutsamer ist und auch dieses Forum eben jener sich verpflichtet fühlt, sei im folgenden Team Teaching als Unterrichtsmethode vorgestellt.

7.2.2 Team Teaching im Kontext der Unterrichtsmethoden

In der 2. Abbildung wird der systematische Ort des Team Teaching als Unterrichtsmethode sichtbar. Insgesamt siebzehn Unterrichtsmethoden sind zu unterscheiden, wenn es um schulisches Lehren und Lernen geht.

Die ersten vier Unterrichtsmethoden bilden – kommunikationstheoretisch gesehen – eine Gruppe, denn hier lassen sich Interaktionsformen in der Regel nur zwischen Schülern und (Lern-)Gegenständen beobachten. Deshalb sprechen wir von einer zweipoligen Interaktionsform bei der Einzelarbeit, dem Programmierten Unterricht, der Klassenarbeit und der Hausarbeit, die *Kristian Kunert* im 2. Kapitel vorgestellt hat.

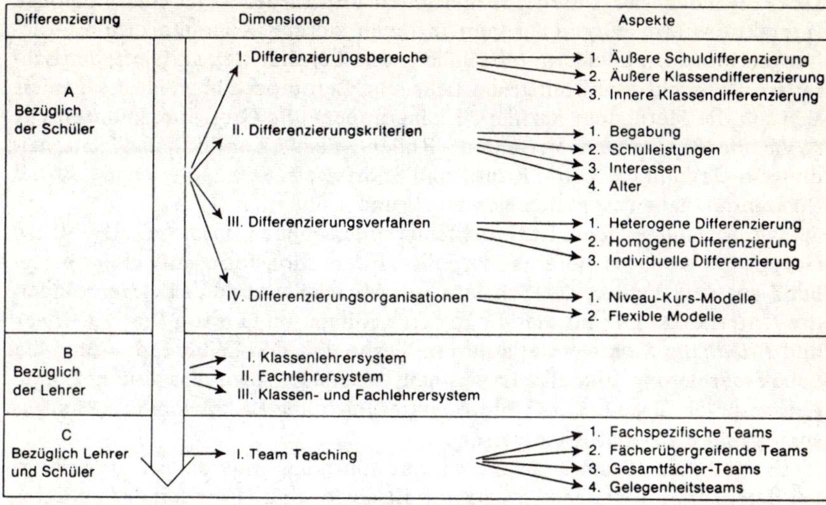

Abb. 1: Team Teaching im Kontext der Differenzierungsformen

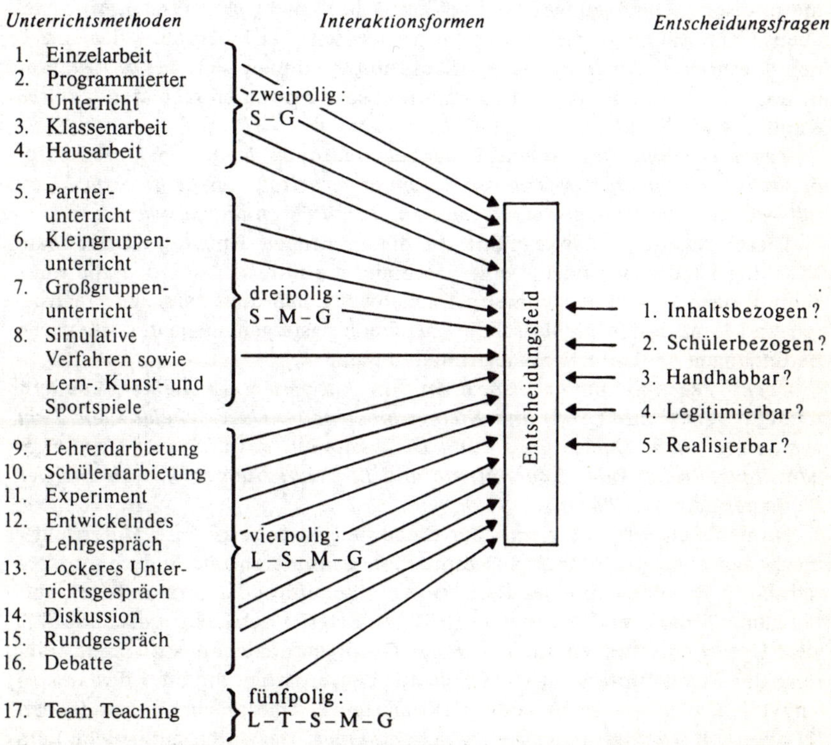

Abb. 2: Team Teaching im Kontext der 17 Unterrichtsmethoden

Den folgenden vier Unterrichtsmethoden liegt in der Regel eine dreipolige Interaktionsform zugrunde, denn in ihnen werden Kommunikationsbeziehungen zwischen Schülern, Mitschülern und Lerninhalten aktiviert, der Lehrer ist also nicht unmittelbar am Lehr- und Lernprozeß beteiligt. Es handelt sich um die Methoden: Partner-, Kleingruppen- und Großgruppenunterricht sowie die Simulativen Verfahren (Rollen-, Plan-, Konflikt- und Entscheidungsspiele) und die Lern-, Kunst- und Sportspiele. *Ernst Meyer* und *Wilfried Buddensiek* haben sie in den Kapiteln 3 und 4 illustriert.

Die folgenden acht Unterrichtsmethoden bilden insofern eine dritte Gruppe für sich, als sie eine vierpolige Interaktionsform aufweisen, bestehend aus dem Lehrer, den Schülern, den Mitschülern und den Gegenständen des Unterrichts. Es sind dies die in den Kapiteln 5 und 6 von *Dieter Beumer* und *Friedhelm Kammann* erläuterten Methoden: Die Lehrerdarbietung, die Schülerdarbietung und das Experiment einerseits sowie das Entwickelnde Lehrgespräch, das Lockere Unterrichtsgespräch, die Diskussion, das Rundgespräch und die Debatte andererseits.

Es bleibt das Team Teaching als eine fünfpolige Interaktionsform übrig, bei der Lehrer, Teamlehrer, Schüler, Mitschüler und Gegenstände den Lehr- und Lernprozeß kommunikativ strukturieren. Daß bei der Auswahl der Methode „hier und jetzt" wenigstens fünf Entscheidungsfragen zu stellen, ja methodische Überlegungen von didaktischen nicht zu trennen sind, sei ebenso am Rande vermerkt wie die wechselseitige Überlappung der einzelnen Methoden. Ausführlichere Erläuterungen finden sich bei *H. Gudjons* u. a. (1981) sowie in dem – dieses Methodische Forum eröffnenden – ersten Kapitel.

Team Teaching ist also eine Unterrichtsmethode, bei der mehrere Lehrer in flexiblen Schülergruppierungen zusammenarbeiten, das heißt – im Idealfall – Unterricht gemeinsam vorbereiten, durchführen und auswerten.

Dieser zweite Gedanke führt zu einem dritten Hinweis. Denn Team Teaching ist darüber hinaus eine Methode, die unter Umständen alle sechzehn übrigen in sich aufnehmen, streckenweise mal diese oder jene realisieren und je nach den didaktischen Entscheidungsfragen sowie den situativen Bedingungen des Unterrichts legitimieren kann.

Team Teaching meint also nicht nur kooperierende Lehrer, sondern schließt wechselnde Groß- und Kleingruppen seitens der Schüler ebenso ein wie gelegentliche Darbietungen und Diskussionen (etwa in einer Großgruppenveranstaltung) oder Experimente und Einzelarbeiten (z. B. während der Phase des Selbststudiums).

Nun wissen wir mit ziemlicher Sicherheit, daß bestimmte Unterrichtsmethoden auch heute noch ausgesprochen dominieren und andere nur sporadisch, z. B. anläßlich eines Besuches vom Schulrat oder Seminarleiter, auftauchen. *Tausch* und *Tausch* ([6] 1971, S. 210 ff.) schätzen, daß etwa 4 % aller Unterrichtsstunden Merkmale des Gruppenunterrichts aufweisen, während der Frontalunterricht (in Form der Lehrerdarbietung oder des an sich sinnvollen, häufig aber zu Tode praktizierten Lehrgesprächs) gut zwei Drittel aller Unterrichtsstunden kennzeichnet. Oder: Der durchschnittliche Lehrer spricht etwa 60 bis 80 Prozent aller während des Unterrichts registrierten

Wörter; er redet somit 50mal soviel, wie dies dem einzelnen Schüler möglich ist. Im Schnitt kann ein Schüler alle drei Tage eine einzige Frage an den Lehrer richten, während der Lehrer in demselben Zeitraum die Klasse, das heißt jedes Klassenmitglied, mit ungefähr 800 Fragen konfrontiert. Andererseits fühlt sich der Lehrer alle 2,6 Minuten einer unterrichtlichen bzw. erziehlichen Konfliktsituation ausgesetzt, auf die er – trotz des Konsums aufklärender Bücher und oft entgegen seinen Intentionen – autoritär reagiert.

Wir ersehen daraus, daß die Dominanz *einer* bestimmten Unterrichtsmethode nicht nur manches Dilemma des Schulehaltens konsequent fortschreibt und viele Unterrichtsstörungen hervorruft (vgl. *R. Winkel,* [2]1980), sondern auch den unterschiedlichen Fähigkeiten der Lehrer, den Bedürfnissen der Schüler und den verschieden strukturierten Curricula entgegensteht.
Von daher bietet sich – auch für die Lehrerbildung in der Ersten und Zweiten Phase – das Lernen dieser Unterrichtsmethode an, die eben so angelegt ist, daß in ihr alle übrigen Methoden adäquat zur Geltung kommen und – *geübt* werden können. Ein Buch über – sagen wir – autoritäres Verhalten zu lesen und intellektuell auf Verständnis abzielende Einstellungen zu akzeptieren, ist eine (wichtige) Sache, die aber in der konkreten psychisch-sozial aufgeladenen Situation relativ folgenlos bleibt. Solche Einstellungen unter der Hilfestellung von Kollegen zu Verhaltensweisen werden zu lassen, das heißt Erkennen und Handeln über das Einüben aneinanderzukoppeln, ist die andere (nicht unwichtigere) Sache. Manche Desillusionierung und manche Selbstanklage könnten vermieden werden, wenn dies begriffen würde: Lernen vollzieht sich auch, aber nicht nur im Kopf. Team Teaching könnte in der Tat einen entscheidenden Beitrag zur inneren Reform der Schule leisten, wenn neben den – sicherlich nicht zu unterschätzenden und während einer langen Tradition der isolierten Lehrertätigkeit errichteten – psychisch-sozialen Barrieren gegenüber jedweder professionellen Kooperation auch diejenigen Hindernisse auf dem Weg der Verwirklichung des Team Teaching ausgeräumt würden, die durch fehlende Informationen bezüglich der konkreten Handhabung dieser nicht ganz leichten Unterrichtsmethode entstanden sind. Diesem Anliegen sind die folgenden Ausführungen verpflichtet. Auf die geschichtliche Entwicklung des Team Teaching wird hier also ebensowenig eingegangen wie auf räumlich-architektonische, auf rollentheoretische, kommunikationswissenschaftliche und andere zum Kontext des Team Teaching gehörende Probleme. Der interessierte Leser sei statt dessen an die Literatur verwiesen.

7.3 Die neun grundlegenden Organisationsformen des Team Teaching

Aus der Fülle möglicher Patterns, mit deren Hilfe man Team Teaching gestalten kann, darf ich zwei wichtige herausstellen. Es sind dies: die Zusammensetzung der verschiedenen Lehrerteams und der Einsatz der jeweiligen Teams in einem Schulsystem.

Vor allem die anglo-amerikanische Literatur kennt drei verschiedene Lehrerteams: Da ist einmal das fachspezifische Team („discipline team"), in dem z. B. *jeweils* drei oder vier Mathematiker, Historiker und Germanisten zusammenwirken. Zum zweiten kennen wir das fächerübergreifende Team („interdisciplinary team"), das z. B. Chemiker, Physiker und Biologen zu einem naturwissenschaftlichen Team vereinigt, oder aus einem Historiker, einem Geographen und einem Theologen besteht und somit ein sozialkundliches Team bildet. Und drittens schließlich können Lehrer in einem Gesamtfächer-Team („school-within-school-team") wirken und z. B. in drei – aber in einer Großgruppe zusammengefaßten – Grundschulklassen alle anfallenden Fächer vertreten. Auch das gelegentliche Team Teaching („occasional team") ordnet sich letztlich diesen drei Teammodellen zu.

Fachspezifische, fächerübergreifende und gesamtfächerartige Teams können darüber hinaus innerhalb einer Schule in drei verschiedenen Einsatzbereichen wirken: Vom horizontalen Einsatz spricht man dann, wenn das Team eine Großgruppe betreut, die sich z. B. aus den Klassen 2 a, 2 b und 2 c zusammensetzt. Ein vertikaler Einsatz liegt dann vor, wenn z. B. die Klassen 1 b, 2 b, 3 b und 4 b zu einer Großgruppe zusammengefaßt werden, die freilich, je nach Bedarf, in mannigfache Kleingruppen aufgeteilt werden kann. Und vom gemischten Einsatz sprechen wir dann, wenn z. B. die Klassen 3 b und 3 c sowie die Klassen 4 b und 4 c (oder auch Teile derselben) eine organisatorische Lerneinheit bilden. Allein diese beiden Aspekte (Teamzusammensetzung und Einsatzbereich) führen zu neun grundlegenden Organisationsformen, die in der dritten Abbildung verdeutlicht sind. Wir nennen sie: Das fachspezifische, fächerübergreifende und das Gesamtfächer-Team im horizontalen, vertikalen und gemischten Einsatz.

Diese Organisationsformen suggerieren auf den ersten Blick manche Schwierigkeit, die aber ausgeräumt werden kann, wenn man Team Teaching behutsam und in kleinen Zwischenschritten zu verwirklichen versucht. Diese peu-à-peu-Realisation beginnt vielleicht damit, daß zwei auf derselben Jahrgangsstufe unterrichtende Lehrerinnen gelegentlich ihre Arbeitsmaterialien austauschen; nach einigen Monaten wechselseitig „mal" hospitieren; im nächsten Schuljahr den Stundenplan so parallelisieren, daß – sagen wir – die Mathematikstunden zur selben Zeit unterrichtet werden können; einmal pro Woche beide Klassen für zehn Minuten zusammengefaßt und für vierzig Minuten in verschiedene Untergruppen aufgeteilt werden; die Lehrerkonferenz erhält natürlich laufend Berichte über das Team-Teaching-Experiment; ein Kollege schließt sich vielleicht an; Eltern können zur Mitarbeit gewonnen werden usw. An dieser simplen Aneinanderreihung kleinster Schritte wird deutlich, daß Team Teaching mehr ist als eine Differenzierungsform und auch mehr als eine Methode im traditionellen Sinn (das heißt ohne inhaltliche Korrelate), sondern ein geeigneter Weg, um Schule, Unterricht, Lehren, Lernen und Erziehen freudvoller, spannender, abwechslungsreicher und humaner zu gestalten.

Eines muß dabei jedoch beachtet werden: Team Teaching darf durch zu abruptes und langandauerndes Lernen in der Großgruppe nicht das Heimischsein im Klassen- und Kleingruppenverband zerstören. Beim Team Teaching

1. Modell: Das fachspezifische Lehrerteam im horizontalen Einsatz

Schuljahre	1	2	3	4
Klassen a		Mathe-		
b		matik-		
c		Team		

2. Modell: Das fachspezifische Lehrerteam im vertikalen Einsatz

Schuljahre	1	2	3	4
Klassen a				
b	Deutsch-Team			
c				

3. Modell: Das fachspezifische Lehrerteam im gemischten Einsatz

Schuljahre	1	2	3	4
Klassen a				
b			Englisch-	
c			Team	

4. Modell: Das fächerübergreifende Lehrerteam im horizontalen Einsatz

Schuljahre	1	2	3	4
Klassen a			Sozial-	
b			kund- liches	
c			Team	

5. Modell: Das fächerübergreifende Lehrerteam im vertikalen Einsatz

Schuljahre	1	2	3	4
Klassen a				
b				
c	Naturwissenschaftl. Team			

6. Modell: Das fächerübergreifende Lehrerteam im gemischten Einsatz

Schuljahre	1	2	3	4
Klassen a	Religions- kundliches			
b	Team			
c				

7. Modell: Das Gesamtfächer-Team im horizontalen Einsatz

Schuljahre	1	2	3	4
Klassen a				Gesamt-
b				fächer-
c				Team

8. Modell: Das Gesamtfächer-Team im vertikalen Einsatz

Schuljahre	1	2	3	4
Klassen a	Gesamtfächer-Team			
b				
c				

9. Modell: Das Gesamtfächer-Team im gemischten Einsatz

Schuljahre	1	2	3	4
Klassen a				
b		Gesamt-		
c		fächer-Team		

geht es also nicht um die Vermassung von Schülern und auch nicht um die Ökonomisierung der Schularbeit (wie manche Schulzentrumsideologen meinten), sondern um die behutsame Erweiterung des Lernens in verschieden strukturierte Gruppierungen – unter *Aufrechterhaltung* stabiler Lerngruppen. Von daher wird auch verständlich, daß und warum Team Teaching phasenhaft verläuft, das heißt in einer Zeit von etwa vier Wochen je nach didaktischen Erfordernissen Großgruppenveranstaltungen, Kleingruppensessionen und Phasen des Selbststudiums aufweist.

Nach welchen Kriterien sollen sich die verschiedenen Lehrerteams nun zusammensetzen? Aus der Fülle der möglichen darf ich auf einige didaktische hinweisen. Die englische Curriculumreform wird nicht müde zu betonen, daß Lerninhalte (Curricula also) im Grunde vier verschiedene Strukturen aufweisen können (vgl. *D. Warwick*, 1973, S. 62 ff.):

Da gibt es einmal solche Sachverhalte, die einem thematischen Gliederungsmodell ähneln, das heißt ein großes Leitthema durchdringt die ganze folgende Unterrichtseinheit und gliedert sich in eine Reihe von Unterthemen und Aspekten (etwa: „Krieg und Frieden", „Energieversorgung und Naturschutz", „Die Bruchrechnung" oder „Die Bevölkerungsexplosion"). Aufgrund ihrer komplexen didaktischen Struktur empfehlen sich bei thematischen Gliederungsmodellen in der Regel fachspezifische Teams.

Andere Curricula sind von Anfang an fächerübergreifend strukturiert. So zum Beispiel eine Unterrichtseinheit über „Expressionistische Kunst" – sei es in der Malerei, Architektur, Literatur oder Musik. Hier wären fächerübergreifende Teams die optimalen Lehr- und Lernhilfen.

Eine dritte Gruppe curricularer Sachverhalte wird unter dem Begriff fächerfolgende Modelle subsumiert. „Hierbei wird kein Leitthema den Schülern am Beginn des Modells angeboten, vielmehr baut sich ein solches erst im Laufe der Arbeit auf. Die Teilthemen sind konsekutiv miteinander verbunden, ähnlich wie Perlen an einer Schnur" (ebd., S. 69). Als Beispiele seien Projekte wie „Vom Land zur Stadt", „Der Mensch und die Technik" oder „Das mittelalterliche Dorf" genannt. Solche Curricula werden am besten von fächerübergreifenden Teams angeboten.

Und schließlich gibt es konzentrisch strukturierte Sachverhalte, deren Kernproblematik in immer umfassendere Fragestellungen ausstrahlt, also – wie ein ins Wasser geworfener Stein – stets größere Kreise markiert. Aber auch die umgekehrte Bewegung ist denkbar, so daß äußere Problemlinien spiralförmig zu einem zentralen Punkt hinführen. Viele Unterrichtseinheiten der Grundschule sind konzentrisch strukturiert. So z. B. ein Modell über „Meine Klasse – Meine Schule – Meine Straße – Meine Stadt". Aber auch in der Sekundarstufe wird häufig konzentrisch gearbeitet – etwa bei dem Thema „Was heißt Friede? Zwischen uns? – In unserer Schule? – Familie? – Stadt? – Republik? – Unter den Völkern und Nationen?". Solche Curricula legen Gesamtfächer-Teams nahe, die unter Umständen alle anfallenden Disziplinen einbringen können.

7.4 Zwei Unterrichtsmodelle im Team-Teaching-Verfahren

7.4.1 „Wärmelehre“

Dieses thematische Gliederungsmodell wurde von einem fächerübergreifenden Lehrerteam angeboten, das aus zwei Physikern, einem Chemiker und einem sein Praktikum absolvierenden Studenten besteht. Das Team ist horizontal eingesetzt und unterrichtet eine Großgruppe von etwa 95 Schülern des 7. Jahrgangs. Die Struktur des Teams ist nicht hierarchisch, sondern partnerschaftlich-assoziativ. Das wird z. B. an den drei verschiedenen Rollen deutlich, die von den Teamlehrern *abwechselnd* übernommen werden. Es sind dies: Die Regierolle, die Dienstrolle und die Beobachterrolle. Ein Lehrer ist der Regie führende Akteur, ein zweiter der für den experimentellen Aufbau, die Medien usw. zuständige Helfer; ein dritter der distanzierte kritische Beobachter; dem Studenten fällt während meiner Hospitation die Aufgabe zu, dem zweiten Lehrer zur Hand zu gehen. Diese Rollenverteilung innerhalb des Fachteams wechselt laufend, manchmal noch in der großen Pause, in der im übrigen ein gezielter Erfahrungsaustausch in Form einer Teambesprechung stattfindet. Ein Großgruppenraum mit abzuteilenden Kleingruppenräumen sowie vier Laborräume stehen Lehrern und Schülern für eine Doppelstunde zur Verfügung.

Das Thema „Wärmelehre“ ist in vier Teilthemen gegliedert worden: Volumenverhalten von festen, flüssigen und gasförmigen Körpern bei Temperaturveränderungen; Wir bauen ein Thermometer; Technische Ausführung verschiedener Thermometer; und schließlich Messungen.

Am Ende der fünf Wochen umgreifenden Einheit wird eine Leistungskontrolle in Form eines informellen Tests angeboten. Die beobachtete Doppelstunde begann mit einer Großgruppenveranstaltung, in der die anstehende Problematik angeschnitten und drei grundlegende Versuche demonstriert wurden. Die Rollenverteilung sah so aus, daß ein Lehrer die Regierolle übernahm, ein zweiter mit Hilfe des Overhead-Projektors die Erläuterungen des Lehrer-Dozenten zeichnerisch darstellte, der Student die folgenden Versuche vorbereitete und ein dritter Lehrer die Beobachterrolle „spielte“. Den größten Teil der Doppelstunde beanspruchten die Schülerexperimente in den angrenzenden Laborräumen, wobei alle vier Lehrkräfte Gruppenbetreuer waren, also anregten, berieten, fragten usw. Die Zusammenfassung der Ergebnisse erfolgte in der wöchentlichen Einzelstunde.

Während dieser Doppelstunde ließen sich insgesamt sieben Unterrichtsmethoden beobachten: Die Lehrerdarbietung, das Experiment, der Großgruppenunterricht, die Kleingruppenarbeit, die Partnerarbeit, das Selbststudium und die abschließende Schülerdarbietung, das heißt der Austausch der experimentell ermittelten Ergebnisse im Plenum. Im Gegensatz zu vielen pseudohaften Team-Teaching-Experimenten, bei denen aus Effektivitätsgründen schnell mal drei Parallelklassen für eine Filmvorführung in die Aula geführt werden, davor und danach aber der Klassenunterricht dominiert, handelte es sich hier um ein echtes Team *Teaching,* Team *Planning* und Team *Evaluating* innerhalb flexibler Schülergruppierungen und variabler didaktisch-methodischer Arrangements. Freilich müssen Lehrer und auch Schüler diese anspruchsvolle Unterrichtsform über viele Zwischenschritte (Gespräche, Partner- und Gruppenarbeit usw.) lernen. Wie sehr Team Teaching nicht nur den unterschiedlichen Lehrerqualifikationen, den einzelnen Schülerbedürfnissen und den diversen curricularen Anforderungen gerecht wird, das heißt die Qualität von Unterricht verbessert; wie sehr Team Teaching nicht nur den Lehrer aus der Isolation befreit und den professionellen Kontakt ermöglicht, sondern auch soziale Lernprozesse zu initiieren vermag, macht eine Episode am Rande der Hospitation deutlich, die ich berichten darf:

Der dozierende Lehrer erläutert, wie der Kolben für einen Versuch am Stativ befestigt werden muß. Der beobachtende Lehrer erkennt, daß die geforderte Befestigung des Kolbens nicht sachgerecht ist, rügt dies in freundlichem Ton und bietet seine Hilfe an. Das alles geschieht vor ca. 95 Schülern. Ein Schüler wendet sich zu seinem neben ihm sitzenden Kameraden und sagt: „Herr X muß halt noch viel lernen!“

7.4.2 Das Team-Kleingruppen-Modell

Zurück zur Carlo-Schmid-Schule: Trotz Teppichböden und Blumenkübel kann ich mich mit der bundesdeutschen Schularchitektur nicht versöhnen. In diesen steinernen Relikten eines administrativen Größenwahns sind *Darwin* und *Skinner* mächtiger als *Marx* und *Freud*. „Schulen mit 1500 bis 2000 Schülern, Lehrer, die pro Woche 300 Schüler abzufertigen haben, Kollegien mit mehr als 100 Lehrern – das kann nicht gutgehen. Das verstößt gegen die einfachsten Gebote der Erziehung“, schrieb *Andreas Flitner* neulich in der ZEIT. So ist die Team-Kleingruppen-Arbeit, auch an dieser Schule, kein Luxus, sondern eine Überlebensfrage. Die etwa 2000 Schüler gliedern sich in die Stufen 5/6, 7/8, 9/10 und 11 bis 13. Die rund 100 Lehrer bilden insgesamt fünf Gruppierungen: das Plenum, die Stufenkollegien, die Klassenkollegien, diverse Fachgruppen und Team-Kleingruppen. Während Plenumskonferenzen eher den Charakter von Dienstbesprechungen haben und die halbjährlich etwa viermal tagenden Fachgruppen (in Deutsch, Mathematik usw.) die curriculare Arbeit leisten, treffen sich die Team-Kleingruppen informell täglich und zu formellen Besprechungen einmal wöchentlich. Ich hospitiere in einem 6. Schuljahr, sehe Unterricht in Deutsch, Mathematik, Gesellschaftslehre und Englisch, nehme an einer Tutorstunde teil, gehe mit einigen Schülern zum Mittagessen und befinde mich nachmittags mitten in einer Besprechung des Lehrerteams. Team *Teaching*, das gemeinsame Unterrichten, ist hier (noch) nicht zu beobachten. Aber zum Team Teaching gehört bekanntlich auch Team *Planning* (die gemeinsame Vorbereitung) und Team *Evaluating* (die gemeinsame Auswertung) von Unterricht. Insofern war und ist hier sehr viel Lehrerkooperation zu sehen – und übrigens auch gezielter Gruppenunterricht mit den Schülern, ohne den die Gruppenarbeit der Lehrer nun mal folgenlos bleibt. Was geschieht aber in der Team-Kleingruppen-Arbeit? Im Grunde werden dort vier Aufgaben bewältigt:

1. Gegenseitige Hospitationen („Wer kommt in meinen Unterricht, beobachtet und hilft *mir*?“);
2. Herstellung einer curricularen Transparenz („Was unterrichte *Ich* wie in meiner Klasse?“);
3. Besprechung erziehlicher Probleme („Stefan rotiert schon wieder; wie können *wir* ihm helfen?“);
4. Wechselseitige Weiterbildung und Professionalisierung („Was gibt's Neues, das *unsere* Kompetenz erweitern könnte?“).

In der nachmittäglichen Besprechung ging es fast ausschließlich um Disziplinschwierigkeiten und Unterrichtsstörungen. Zwischendurch abermals die Polizei. Ein Fahrrad scheint abhandengekommen zu sein. Ich bewundere Dr. H., der auch noch um 15.30 Uhr lächelt und die Angelegenheit zwischen Tür und Angel schiebt. Wichtig die Verzahnung zwischen Absprachen, die der Klassenlehrer in der Tutorstunde getroffen hat und die jetzt vom Lehrerteam akzeptiert werden sollen. Lehrer praktizieren Demokratie, Schüler erlernen sie, und Konflikte werden nicht ausgeklammert. Ist es das, was jene – aus Nürnberg – fürchten?
Ich bin erstaunt, wie viele Beobachtungen zusammenkommen, wenn fünf oder sechs Lehrer über diesen oder jenen Schüler sich unterhalten. Brisant wird es, als eine Kollegin das Ansteigen disziplinärer Störungen beklagt, *nachdem* der versprochene Ausflug ins Tropa Mare hat ausfallen müssen, ihr Kollege daraufhin vorschlägt, schnellstens für eine Ersatzbelohnung zu sorgen und ein dritter einwendet, daß dieser lernpsychologische Klipp-Klapp-Mechanismus vom Muster des „do ut des“ zwar recht effektiv ist, aber mit der Bildung von jungen Menschen nicht viel zu tun hat. Nachdenklichkeit überkommt uns, als der Satz fällt: Wir sollten die Schüler nicht belohnen, damit sie artig sind, sondern wir sollten sie erfahren lassen, daß manches schöne Erlebnis deshalb möglich wird, weil sie ihrerseits um Mitmenschlichkeit sich bemühen ...

Was bringt nun die Team-Kleingruppen-Arbeit, außer einigen zusätzlichen Arbeitsstunden? Dazu schreibt *Horst Hensel* (1980, S. 379 f.), einer der Mitwirkenden in diesem Modell: Unsere Teamarbeit führt:
„– zur Abstimmung und Vereinheitlichung, also zur Bewußtmachung des Lehrerverhaltens;
– zur verbesserten Erziehungsarbeit;
– zum gemeinsamen Lernen der Lehrer;
– zur gegenseitigen Arbeitskontrolle der Lehrer;
– zur gemeinsamen, also den einzelnen Lehrer entlastenden Unterrichtsplanung;
– zur Intensivierung und Pflege der Kontakte untereinander, während der Arbeit und auch außerhalb der Arbeit;
– die alles in allem die Erziehungseffektivität und Arbeitszufriedenheit von Lehrern erhöht.“
Bei so vielen Auspizien so selten Team Teaching? Das muß doch Gründe haben! Hat es ...

7.5 Schwierigkeiten und Hilfen auf dem Wege zum Team Teaching

Eine systematische Analyse der Ursachen, warum Team Teaching (z. B. in den Präambeln unserer Lehrpläne) immer wieder beschworen, aber so selten praktiziert wird, würde folgende Sachverhalte gründlich erforschen müssen:
1. Unzureichende Teamfähigkeit: z. B. oft verkümmerte Kritik-, Kooperations-, Selbststeuerungs-, Frustrationstoleranz- und Gruppenfähigkeit;
2. Sachliche Hemmnisse: z. B. unzureichende Räumlichkeiten, Materialien, Stundenplanarrangements;
3. Fehlende Erfahrungen: z. B. keine straffreien Übungsmöglichkeiten als Student oder Referendar.
Eine deprimierende Bilanz? Eher ein Grund mehr, sich und anderen einige Hilfen auf dem Wege zum Team Teaching zu gestatten. Ich schlage folgende vor:

1. Kleine Schritte, kontinuierlich unternommen, führen eher zum Ziel als ein gelegentlicher großer Sprung.
2. Es gibt kein Team Teaching ohne Gruppenunterricht, keinen Gruppenunterricht ohne Partnerarbeit, und wo auch diese noch mißlingt, sollte man mit den Schülern erst einmal das gemeinsame Reden üben ... Kurz: Bevor man sich an die schwierigeren Methoden wagt, muß man die leichteren gelernt haben.
3. Ehe man resignierend oder ausflüchtend auf die immer noch nicht stattgefundene gesellschaftliche Totalveränderung hinweist, könnte man eine Reihe von Organisationsmustern ins Auge fassen, die es an jeder Schule gibt, die zumindest ansatzweise Team Teaching bedeuten und die auszubauen sich lohnt.
4. Zahlreiche formelle und informelle Lehrerbesprechungen sind oft nichts anderes als Team Planning; Zensuren- und Versetzungskonferenzen stellen ein Stück Team Evaluating dar; und die Betreuung legasthenischer Kinder aus – sagen wir – den drei 7. Schuljahren bedeutet für die Lehrer bereits das Überschreiten des gewöhnlich an der eigenen Klassenzimmertür endenden Verantwortungsbereichs und sensibilisiert für die Vorteile der Team-Arbeit.
5. Selbst eine so bescheiden anmutende Geste wie das Austauschen von Folien und Matrizen ist ein erster Schritt auf dem Weg zu gemeinsamen unterrichtlichen Engagements. Anders gesagt: Es gibt kein Kollegium ohne potentielle Mitarbeiter.
6. Erst wenn die ersten fünf Punkte von einem Kollegium oder zumindest einer Gruppe des Kollegiums akzeptiert werden, sollte die behutsame wechselseitige Hospitation beginnen.
7. Dabei ist mit unterschiedlich großen psychisch-sozialen Barrieren zu rechnen, die nur durch gegenseitige Freundlichkeit, Toleranz und Hilfsbereitschaft überwunden werden können.
8. Erst auf der Basis dieses gewachsenen Vertrauens können auftauchende Konflikte und sichtbar gemachte Divergenzen produktiv gelöst werden.

9. Vor jedem Team Teaching steht das gemeinsame Planen und Auswerten von Unterricht – etwa in einer wöchentlichen Teambesprechung.
10. Ein gelegentliches Team Teaching, das sich immer wieder Phasen der Besinnung und Auswertung gönnt und die übrigen Kollegen über Vorteile und Schwierigkeiten informiert, ist sinnvoller als ein Totalitätsanspruch, der alles oder nichts beschwört und das heißt – im Nichts endet.
11. Ein jahrhundertelanges Bemühen war nötig, um den Lehrer in seiner beruflichen Tätigkeit von den Kollegen zu isolieren. Angesichts dieser Tatsache wäre es eine Illusion zu meinen, der Teamlehrer käme über Nacht.

Immerhin: ermutigende Ansätze sind zu beobachten. Zwar hat sich die Anzahl reiner Team-Teaching-Schulen gegenüber 1971 nicht erhöht, aber eine wachsende Zahl von (vor allem Gesamt-)Schulen praktiziert diese Unterrichtsmethode in Form des Team-Kleingruppen-Modells, wie es von *H. Brandt/E. Liebau* (1978) beschrieben wurde. Die Gemeinnützige Gesellschaft Gesamtschule ermittelte (1979) wenigstens 21 Schulen, die nach diesem Kooperationsmodell arbeiten. In etlichen Alternativschulen wird dieser Reformansatz fortgeführt (vgl. *M. Borchert/K. Derichs-Kunstmann*, 1979 sowie *L. v. Dick,* 1979). Und schließlich dürfte Team Teaching besonders nachhaltig in der Grundschule wirken. So gibt es zum Beispiel in allen ersten Klassen der 230 Grundschulen Berlins zwei Lehrer(innen), die den Unterricht in enger Zusammenarbeit durchführen. Und wer zählt die Kollegien an den Haupt-, Real-, Sonder- und Gymnasialschulen, die längst informelle Arbeitsgruppen gebildet haben?
Den Beruf des Lehrers hat man schon mit allen möglichen anderen verglichen: mit Unteroffizieren und EDV-Spezialisten, mit Gärtnern und Dompteuren soll er zu tun oder auch nichts zu tun haben. Die gefährlichste Parallele liegt zwischen dem Lehrer und dem Schauspieler, denn gemeinsam ist ihnen – die *Eifersucht.* Und auch diese hat ihre Tradition. Aber das ist, mit Verlaub, schon wieder eine andere Geschichte.

7.6 Literatur

Arbeitsgruppe TKM: Das Team-Kleingruppen-Modell. Hrsg. von der Gemeinnützigen Gesellschaft Gesamtschule. Hamburg 1979.

Borchert, Manfred/Derichs-Kunstmann, Karin (Hrsg.): Schulen, die ganz anders sind. Frankfurt: Fischer Taschenbuch Verlag 1979.

Brandt, Horst/Liebau, Eckart: Das Team-Kleingruppen-Modell. München: Juventa 1978.

Dechert, Hans-Wilhelm (Hrsg.): Team Teaching in der Schule. Texte. München: Piper 1972.

Dick, Lutz van: Alternativschulen. Reinbek: Rowohlt 1979.

Freeman, John: Team Teaching in Britain. London: Ward Lock Educational 1969.

Gudjons, Herbert u. a. (Hrsg.): Didaktische Theorien. Braunschweig: Westermann 1981.

Hensel, Horst: Einige Erfahrungen mit der Team-Kleingruppen-Arbeit. In: Demokratische Erziehung, 6 (4/1980), S. 378 – 381.

Meyer, Ernst (Hrsg.): Team Teaching. Heidelberg: Quelle & Meyer 1971.

Shaplin, Judson T./Olds, Henry F. (Eds.): Team Teaching. New York: Harper & Row 1964.

Tausch, Reinhard/Tausch, Anne-Marie: Erziehungspsychologie. Göttingen: Hogrefe ^{6}1972.

Warwick, David: Team Teaching. Heidelberg: Quelle & Meyer 1973.

Warwick, David/Winkel, Rainer (Hrsg.): Alternativen zur Curriculumreform oder: Fünf englische Schulen berichten. Heidelberg: Quelle & Meyer 1975.

Winkel, Rainer: Theorie und Praxis des Team Teaching. Braunschweig: Westermann 1974.

Winkel, Rainer: Der gestörte Unterricht. Bochum: Kamp ^{4}1987.

Winkel, Rainer: Antinomische Pädagogik und Kommunikative Didaktik. Düsseldorf: Schwann 1986.

Namensverzeichnis

BUCHREIHE DER ZEITSCHRIFT PÄDAGOGIK

IN VORBEREITUNG

Olaf-Axel Burow, Marina Neumann-Schönwetter (Hg.):
Zukunftswerkstatt in Schule und Unterricht

Ein Verfahren, das Robert Jungk schon in den 60er Jahren entwickelt hat. Sein Ziel: Kritikfähigkeit, Phantasie und kreatives Handeln bei möglichst vielen Menschen mobilisieren. In diesem Band wird das Verfahren erstmals systematisch und mit praktischen Beispielen auf Schule, Unterricht und Lehrerfortbildung übertragen:

- **mit einführenden Beiträgen**
- **mit Praxisbeispielen**
- **mit einem Methodenbaukasten.**

Robert Jungk ist 1994 gestorben. Sein Traum: Jedem Menschen zeigen, daß mehr in ihm steckt, als er weiß. Daß dieser Traum auch in der Schule zu verwirklichen ist, zeigt dieses Buch.

Lieferbar etwa ab Dezember 1994
ISBN 3-925836-22-5
ca. 190 Seiten, DM 26,80

Stand: 19/10/94

BERGMANN + HELBIG VERLAG

BUCHREIHE DER ZEITSCHRIFT PÄDAGOGIK

H. Gudjons, R. Teske, R. Winkel (Hg.): Didaktische Theorien
Zum ersten Mal ist es gelungen, Vertreter der fünf didaktischen Theorien zu Kurzfassungen ihrer umfangreichen Konzepte für schulisches Lehren und Lernen zu bewegen. Der Leser bekommt einen Überblick, der sonst nur mit Hilfe weit verstreuter Spezialliteratur zu erwerben ist. **112 Seiten, DM 15,80**

Herbert Gudjons, Marianne Pieper, Birgit Wagener: Auf meinen Spuren
Wer die eigene Person und ihre Geschichte aufspüren will, der findet in diesem Buch Anleitungen zur biographischen Selbstaufklärung. Methodenvorschläge und Übungen zielen auf die Entdeckung prägender Erfahrungen und kritischer Phasen der Lebensgeschichte. Dieses Arbeitsbuch richtet sich an alle, die sich auf Aufgaben in pädagogischen und sozialen Bereichen vorbereiten. **380 Seiten, DM 26,80**

H. Gudjons, R. Teske, R. Winkel (Hg.): Erziehungswissenschaftliche Theorien
Die Autoren: W. Lippitz: Hermeneutisch-phänomenologische Pädagogik; K. Schaller: Kritisch-kommunikative Pädagogik; H. Fend: Empirische Pädagogik; H. J. Gamm: Materialistische Pädagogik; W. Fischer: Transzendental-kritische Pädagogik; H. v. Hentig: Meine Pädagogik: Eine lehrbare Praxis. **100 Seiten, DM 15,80**

H. Gudjons, R. Teske, R. Winkel (Hg.): Psychische Erkrankungen in unserer Zeit
Etwa 25% unserer Mitbürger leiden unter einer psychischen Krankheit: Jeweils 1–2% an „Schizophrenie", „Depression" und „Epilepsie"; 3–4% sind süchtig; 15% vermögen ihre Probleme nur noch mit Hilfe „neurotischer" Überlebensstrategien zu lösen. In jeder Klasse von 30 Schülern sitzen also 7 potentielle „Neurotiker" … **107 Seiten, DM 15,80**

J. Bastian, H. Gudjons (Hg.): Das Projektbuch
Beispiele zeigen auf 170 Seiten, wie Projektunterricht aussehen kann: Schüler bauen eine Biogasanlage, Ein Projekt im Englischunterricht, Alternative Ernährung, Verkehrsberuhigung in einem Wohngebiet, Projekt: Berufswahlhilfe u. a.
Darüber hinaus: H. Gudjons: Was ist Projektunterricht?
J. Bastian: Lehrer im Projektunterricht.
R. Semmerling: Projektwochen.
B. Suin de Buotemard: Geschichte der Projektidee.
251 Seiten, DM 24,80

J. Bastian, H. Gudjons (Hg.): Das Projektbuch II
Die gelegentliche Projektwoche ist vielen Lehrerinnen und Lehrern zu wenig. Das Projektbuch II führt deshalb „Über die Projektwoche hinaus": mit Begründungen des Projektlernens im Fachunterricht; mit elf Beispielen aus dem Alltag des Fachunterrichts den Sekundarstufen I und II sowie mit konkreten Praxishilfen. **285 Seiten, DM 24,80**

Stand: 19/10/94

BERGMANN + HELBIG VERLAG

BUCHREIHE DER ZEITSCHRIFT PÄDAGOGIK

Johannes Bastian (Hg.): Drogenprävention und Schule
Die meisten Drogenkarrieren beginnen zwischen 12 und 18 Jahren – im schulischen Alter. Drogenexperten und Lehrer erläutern anhand von Konzepten, Gesprächen mit Betroffenen und vielen Unterrichtsbeispielen, wie Schule ohne Abschreckung und falsche Panikmache helfen kann. **180 Seiten, DM 19,80**

K.-J. Tillmann (Hg.): Was ist eine gute Schule?
Konkrete Entwürfe einer schüler- und lehrerfreundlichen Schule sind genauso notwendig, wie die Darstellung erprobter Schritte dorthin. Die Themen:

- Eigenschaften und Merkmale einer guten Schule.
- Einfluß von Lehrerinnen und Lehrern auf die Schulqualität; es geht u.a. um Lehrerkooperation, Unterricht und Lehrerfortbildung.
- Konkrete Beispiele von Schulen, die sich auf den Weg zu einer guten, besseren Schule gemacht haben.

203 Seiten, DM 19,80

Friedrich Koch (Hg.): Sexualerziehung und AIDS
Ein offenes Gespräch über Sexualität war innerhalb der Schule nie einfach. AIDS hat zusätzlich Verunsicherung gebracht. Das Buch enthält viele inhaltliche und methodische Beispiele: Gespräche und Diskussionen, Spiele, Rollenspiele, Planspiele und Theaterinszenierungen. **126 Seiten, DM 19,80**

Herbert Gudjons: Erziehungswissenschaft kompakt
Erziehungswissenschaft kompakt vermittelt diesen Überblick in zwölf Kapiteln: Gliederung; Richtungen; Methoden; Geschichte; Sozialisation; Begriffe; Grundfragen und aktuelle Aspekte; Entwicklungspsychologie; Didaktische Modelle; Schultheorien, Aufbau des Bildungswesens; Bildungsreform; Schulformen … **214 Seiten, DM 24,80**

R. Winkel (Hg.): Reformpädagogik konkret
Das Erbe der Reformpädagogik ist mehr als die Überlieferung großer Namen und Ideen – es ist in Schulen heute lebendig. Vorgestellt werden: Maria Montessori, Peter Petersen, Célestin Freinet, Hermann Lietz, Fritz Karsen und Rudolf Steiner. Sowohl Leben und Werk dieser Reformpädagogen als auch die Praxis der Schulen, die sich auf sie berufen, geben Anregungen für die Veränderung der Schulen heute.
133 Seiten, DM 19,80

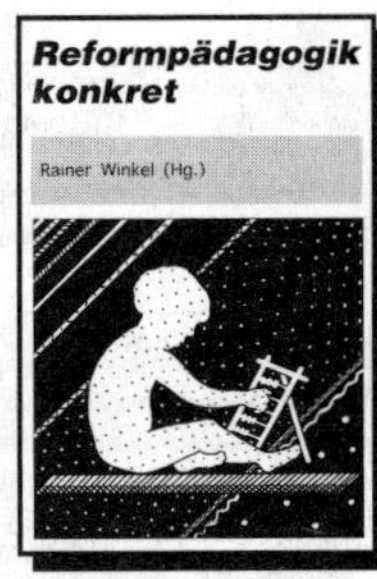

Herbert Gudjons (Hg.): Entlastung im Lehrerberuf
Im Zentrum stehen Hilfestellungen zur individuellen Entlastung im Berufsalltag: Analyse der eigenen Situation, Entspannung, Streßreduzierung, Veränderung der eigenen Einstellungen, Steigerung von Selbstvertrauen und Effektivität, Kooperation in Gruppen, Bewältigung der zweiten Berufshälfte … **21 Seiten, DM 26,80**

Stand: 19/10/94

BERGMANN + HELBIG VERLAG